Albert Camus

Caligula

Dossier réalisé par
Pierre-Louis Fort

Lecture d'image par
Bertrand Leclair

folioplus
classiques

Pierre-Louis Fort est maître de conférences à l'université de Cergy-Pontoise. Spécialiste de la littérature française et francophone des XXe et XXIe siècles, il a publié de nombreux articles dans des revues critiques françaises et étrangères. Aux Éditions Gallimard, il a rédigé le commentaire de *La Place* d'Annie Ernaux (« Folioplus classiques » n° 61) et celui de *Comment Wang-Fô fut sauvé et autres nouvelles* de Marguerite Yourcenar (« Folioplus classiques » n° 100) ainsi qu'un ouvrage intitulé *Critique et littérature* (« La bibliothèque Gallimard » n° 206).

Bertrand Leclair est romancier, essayiste et critique littéraire. Il est également l'auteur de fictions radiophoniques. Derniers titres parus : *L'Amant Liesse* (Champ Vallon, 2007), *Une guerre sans fin* (Libella-Maren Sell, 2008), *Petit éloge de la paternité* (Gallimard, « Folio 2 euros », 2010), *Dans les rouleaux du temps* (Flammarion, 2011).

Sommaire

Sommaire

Caligula

Pièce en quatre actes

Caligula *a été représenté pour la première fois en 1945 sur la scène du Théâtre Hébertot (direction Jacques Hébertot), dans la mise en scène de Paul Œttly ; le décor étant de Louis Miquel et les costumes de Marie Viton.*

DISTRIBUTION

CALIGULA, Gérard Philipe
CÆSONIA, Margo Lion
HÉLICON, Georges Vitaly
SCIPION, Michel Bouquet, *puis* Georges Carmier
CHEREA, Jean Barrère
SENECTUS, *le vieux patricien*, Georges Saillard.
METELLUS, *patricien*, François Darbon, *puis* René Desormes
LEPIDUS, *patricien*, Henry Duval
OCTAVIUS, *patricien*, Norbert Pierlot
PATRICIUS, *l'intendant*, Fernand Liesse
MEREIA, Guy Favières
MUCIUS, Jacques Leduc
PREMIER GARDE, Jean Œttly
DEUXIÈME GARDE, Jean Fonteneau
PREMIER SERVITEUR, Georges Carmier, *puis* Daniel Crouet

DEUXIÈME SERVITEUR, Jean-Claude Orlay
TROISIÈME SERVITEUR, Roger Saltel
FEMME DE MUCIUS, Jacqueline Hébel
PREMIER POÈTE, Georges Carmier, *puis* Daniel Crouet
DEUXIÈME POÈTE, Jean-Claude Orlay
TROISIÈME POÈTE, Jacques Leduc
QUATRIÈME POÈTE, François Darbon, *puis* René Desormes
CINQUIÈME POÈTE, Fernand Liesse
SIXIÈME POÈTE, Roger Saliel

La scène se passe dans le palais de Caligula.
Il y a un intervalle de trois années entre le premier acte et les actes suivants.

Acte I

Scène I

Des patriciens, dont un très âgé, sont groupés dans une salle du palais et donnent des signes de nervosité.

PREMIER PATRICIEN : Toujours rien.

LE VIEUX PATRICIEN : Rien le matin, rien le soir.

DEUXIÈME PATRICIEN : Rien depuis trois jours.

LE VIEUX PATRICIEN : Les courriers partent, les courriers reviennent. Ils secouent la tête et disent : « Rien. »

DEUXIÈME PATRICIEN : Toute la campagne est battue, il n'y a rien à faire.

PREMIER PATRICIEN : Pourquoi s'inquiéter à l'avance ? Attendons. Il reviendra peut-être comme il est parti.

LE VIEUX PATRICIEN : Je l'ai vu sortir du palais. Il avait un regard étrange.

PREMIER PATRICIEN : J'étais là aussi et je lui ai demandé ce qu'il avait.

DEUXIÈME PATRICIEN : A-t-il répondu ?

PREMIER PATRICIEN : Un seul mot : « Rien. »

Un temps. Entre Hélicon, mangeant des oignons.

DEUXIÈME PATRICIEN, *toujours nerveux* : C'est inquiétant.

PREMIER PATRICIEN : Allons, tous les jeunes gens sont ainsi.

LE VIEUX PATRICIEN : Bien entendu, l'âge efface tout.

DEUXIÈME PATRICIEN : Vous croyez ?

PREMIER PATRICIEN : Souhaitons qu'il oublie.

LE VIEUX PATRICIEN : Bien sûr ! Une de perdue, dix de retrouvées.

HÉLICON : Où prenez-vous qu'il s'agisse d'amour ?

PREMIER PATRICIEN : Et de quoi d'autre ?

HÉLICON : Le foie peut-être. Ou le simple dégoût de vous voir tous les jours. On supporterait tellement mieux nos contemporains s'ils pouvaient de temps en temps changer de museau. Mais non, le menu ne change pas. Toujours la même fricassée.

LE VIEUX PATRICIEN : Je préfère penser qu'il s'agit d'amour. C'est plus attendrissant.

HÉLICON : Et rassurant, surtout, tellement plus rassurant. C'est le genre de maladies qui n'épargnent ni les intelligents ni les imbéciles.

PREMIER PATRICIEN : De toute façon, heureusement, les chagrins ne sont pas éternels. Êtes-vous capable de souffrir plus d'un an ?

DEUXIÈME PATRICIEN : Moi, non.

PREMIER PATRICIEN : Personne n'a ce pouvoir.

LE VIEUX PATRICIEN : La vie serait impossible.

PREMIER PATRICIEN : Vous voyez bien. Tenez, j'ai perdu ma femme, l'an passé. J'ai beaucoup pleuré et puis j'ai oublié. De temps en temps, j'ai de la peine. Mais, en somme, ce n'est rien.

LE VIEUX PATRICIEN : La nature fait bien les choses.

HÉLICON: Quand je vous regarde, pourtant, j'ai l'impression qu'il lui arrive de manquer son coup.

Entre Cherea.

PREMIER PATRICIEN: Eh bien?

CHEREA: Toujours rien.

HÉLICON: Du calme, Messieurs, du calme. Sauvons les apparences. L'Empire romain, c'est nous. Si nous perdons la figure, l'Empire perd la tête. Ce n'est pas le moment, oh non! Et pour commencer, allons déjeuner, l'Empire se portera mieux.

LE VIEUX PATRICIEN: C'est juste, il ne faut pas lâcher la proie pour l'ombre.

CHEREA: Je n'aime pas cela. Mais tout allait trop bien. Cet empereur était parfait.

DEUXIÈME PATRICIEN: Oui, il était comme il faut: scrupuleux et sans expérience.

PREMIER PATRICIEN: Mais, enfin, qu'avez-vous et pourquoi ces lamentations? Rien ne l'empêche de continuer. Il aimait Drusilla, c'est entendu. Mais elle était sa sœur, en somme. Coucher avec elle, c'était déjà beaucoup. Mais bouleverser Rome parce qu'elle est morte, cela dépasse les bornes.

CHEREA: Il n'empêche. Je n'aime pas cela, et cette fuite ne me dit rien.

LE VIEUX PATRICIEN: Oui, il n'y a pas de fumée sans feu.

PREMIER PATRICIEN: En tout cas, la raison d'État ne peut admettre un inceste qui prend l'allure des tragédies. L'inceste, soit, mais discret.

HÉLICON: Vous savez, l'inceste, forcément, ça fait toujours un peu de bruit. Le lit craque, si j'ose m'exprimer ainsi. Qui vous dit, d'ailleurs, qu'il s'agisse de Drusilla?

DEUXIÈME PATRICIEN : Et de quoi donc alors ?

HÉLICON : Devinez. Notez bien, le malheur c'est comme le mariage. On croit qu'on choisit et puis on est choisi. C'est comme ça, on n'y peut rien. Notre Caligula est malheureux, mais il ne sait peut-être même pas pourquoi ! Il a dû se sentir coincé, alors il a fui. Nous en aurions tous fait autant. Tenez, moi qui vous parle, si j'avais pu choisir mon père, je ne serais pas né.

Entre Scipion.

Scène 2

CHEREA : Alors ?

SCIPION : Encore rien. Des paysans ont cru le voir, dans la nuit d'hier, près d'ici, courant à travers l'orage.

Cherea revient vers les sénateurs. Scipion le suit.

CHEREA : Cela fait bien trois jours, Scipion ?

SCIPION : Oui. J'étais présent, le suivant comme de coutume. Il s'est avancé vers le corps de Drusilla. Il l'a touché avec deux doigts. Puis il a semblé réfléchir, tournant sur lui-même, et il est sorti d'un pas égal. Depuis, on court après lui.

CHEREA, *secouant la tête* : Ce garçon aimait trop la littérature.

DEUXIÈME PATRICIEN : C'est de son âge.

CHEREA : Mais ce n'est pas de son rang. Un empereur artiste, cela n'est pas convenable. Nous en avons eu un ou deux, bien entendu. Il y a des brebis galeuses partout. Mais les autres ont eu le bon goût de rester des fonctionnaires.

PREMIER PATRICIEN : C'était plus reposant.

LE VIEUX PATRICIEN : À chacun son métier.

SCIPION : Que peut-on faire, Cherea ?

CHEREA : Rien.

DEUXIÈME PATRICIEN : Attendons. S'il ne revient pas, il faudra le remplacer. Entre nous, les empereurs ne manquent pas.

PREMIER PATRICIEN : Non, nous manquons seulement de caractères.

CHEREA : Et s'il revient mal disposé ?

PREMIER PATRICIEN : Ma foi, c'est encore un enfant, nous lui ferons entendre raison.

CHEREA : Et s'il est sourd au raisonnement ?

PREMIER PATRICIEN, *il rit* : Eh bien ! n'ai-je pas écrit, dans le temps, un traité du coup d'État ?

CHEREA : Bien sûr, s'il le fallait ! Mais j'aimerais mieux qu'on me laisse à mes livres.

SCIPION : Je vous demande pardon.

Il sort.

CHEREA : Il est offusqué.

LE VIEUX PATRICIEN : C'est un enfant. Les jeunes gens sont solidaires.

HÉLICON : Solidaires ou non, ils vieilliront de toute façon.

> *Un garde apparaît :* « On a vu Caligula dans le jardin du palais. »
> *Tous sortent.*

Scène 3

La scène reste vide quelques secondes. Caligula entre furtivement par la gauche. Il a l'air égaré, il est sale, il a les cheveux pleins d'eau et les jambes souillées. Il porte plusieurs fois la main à sa bouche. Il avance vers le miroir et s'arrête dès qu'il aperçoit sa propre image. Il grommelle des paroles indistinctes, puis va s'asseoir, à droite, les bras pendants entre les genoux écartés. Hélicon entre à gauche. Apercevant Caligula, il s'arrête à l'extrémité de la scène et l'observe en silence. Caligula se retourne et le voit. Un temps.

Scène 4

HÉLICON, *d'un bout de la scène à l'autre*: Bonjour, Caïus.

CALIGULA, *avec naturel*: Bonjour, Hélicon.

Silence.

HÉLICON: Tu sembles fatigué?

CALIGULA: J'ai beaucoup marché.

HÉLICON: Oui, ton absence a duré longtemps.

Silence.

CALIGULA: C'était difficile à trouver.

HÉLICON: Quoi donc?

CALIGULA: Ce que je voulais.

HÉLICON: Et que voulais-tu?

CALIGULA, *toujours naturel*: La lune.

HÉLICON: Quoi?

CALIGULA: Oui, je voulais la lune.

HÉLICON : Ah !

Silence. Hélicon se rapproche.

Pour quoi faire ?

CALIGULA : Eh bien !… C'est une des choses que je n'ai pas.

HÉLICON : Bien sûr. Et maintenant, tout est arrangé ?

CALIGULA : Non, je n'ai pas pu l'avoir.

HÉLICON : C'est ennuyeux.

CALIGULA : Oui, c'est pour cela que je suis fatigué.

Un temps.

CALIGULA : Hélicon !

HÉLICON : Oui, Caïus.

CALIGULA : Tu penses que je suis fou.

HÉLICON : Tu sais bien que je ne pense jamais. Je suis bien trop intelligent pour ça.

CALIGULA : Oui. Enfin ! Mais je ne suis pas fou et même je n'ai jamais été aussi raisonnable. Simplement, je me suis senti tout d'un coup un besoin d'impossible. *(Un temps.)* Les choses, telles qu'elles sont, ne me semblent pas satisfaisantes.

HÉLICON : C'est une opinion assez répandue.

CALIGULA : Il est vrai. Mais je ne le savais pas auparavant. Maintenant, je sais. *(Toujours naturel.)* Ce monde, tel qu'il est fait, n'est pas supportable. J'ai donc besoin de la lune, ou du bonheur, ou de l'immortalité, de quelque chose qui soit dément peut-être, mais qui ne soit pas de ce monde.

HÉLICON : C'est un raisonnement qui se tient. Mais, en général, on ne peut pas le tenir jusqu'au bout.

CALIGULA, *se levant, mais avec la même simplicité* : Tu n'en sais rien. C'est parce qu'on ne le tient jamais jusqu'au bout que rien n'est obtenu. Mais il suffit peut-être de rester logique jusqu'à la fin.

Il regarde Hélicon.

Je sais aussi ce que tu penses. Que d'histoires pour la mort d'une femme ! Non, ce n'est pas cela. Je crois me souvenir, il est vrai, qu'il y a quelques jours, une femme que j'aimais est morte. Mais qu'est-ce que l'amour ? Peu de chose. Cette mort n'est rien, je te le jure ; elle est seulement le signe d'une vérité qui me rend la lune nécessaire. C'est une vérité toute simple et toute claire, un peu bête, mais difficile à découvrir et lourde à porter.

HÉLICON : Et qu'est-ce donc que cette vérité, Caïus ?

CALIGULA, *détourné, sur un ton neutre* : Les hommes meurent et ils ne sont pas heureux.

HÉLICON, *après un temps* : Allons, Caïus, c'est une vérité dont on s'arrange très bien. Regarde autour de toi. Ce n'est pas cela qui les empêche de déjeuner.

CALIGULA, *avec un éclat soudain* : Alors, c'est que tout, autour de moi, est mensonge, et moi, je veux qu'on vive dans la vérité ! Et justement, j'ai les moyens de les faire vivre dans la vérité. Car je sais ce qui leur manque, Hélicon. Ils sont privés de la connaissance et il leur manque un professeur qui sache ce dont il parle.

HÉLICON : Ne t'offense pas, Caïus, de ce que je vais te dire. Mais tu devrais d'abord te reposer.

CALIGULA, *s'asseyant et avec douceur* : Cela n'est pas possible, Hélicon, cela ne sera plus jamais possible.

HÉLICON : Et pourquoi donc ?

CALIGULA : Si je dors, qui me donnera la lune ?

HÉLICON, *après un silence* : Cela est vrai.

Caligula se lève avec un effort visible.

CALIGULA : Écoute, Hélicon. J'entends des pas et des bruits de voix. Garde le silence et oublie que tu viens de me voir.

HÉLICON : J'ai compris.

> *Caligula se dirige vers la sortie. Il se retourne.*

CALIGULA : Et, s'il te plaît, aide-moi désormais.

HÉLICON : Je n'ai pas de raisons de ne pas le faire, Caïus. Mais je sais beaucoup de choses et peu de choses m'intéressent. À quoi donc puis-je t'aider ?

CALIGULA : À l'impossible.

HÉLICON : Je ferai pour le mieux.

> *Caligula sort. Entrent rapidement Scipion et Cæsonia.*

Scène 5

SCIPION : Il n'y a personne. Ne l'as-tu pas vu, Hélicon ?

HÉLICON : Non.

CÆSONIA : Hélicon, ne t'a-t-il vraiment rien dit avant de s'échapper ?

HÉLICON : Je ne suis pas son confident, je suis son spectateur. C'est plus sage.

CÆSONIA : Je t'en prie.

HÉLICON : Chère Cæsonia, Caïus est un idéaliste, tout le monde le sait. Autant dire qu'il n'a pas encore compris. Moi oui, c'est pourquoi je ne m'occupe de rien. Mais si Caïus se met à comprendre, il est capable au contraire, avec son bon petit cœur, de s'occuper de tout. Et Dieu sait ce que ça nous coûtera. Mais, vous permettez, le déjeuner !

> *Il sort.*

Scène 6

Cæsonia s'assied avec lassitude.

CÆSONIA : Un garde l'a vu passer. Mais Rome tout entière voit Caligula partout. Et Caligula, en effet, ne voit que son idée.

SCIPION : Quelle idée ?

CÆSONIA : Comment le saurais-je, Scipion ?

SCIPION : Drusilla ?

CÆSONIA : Qui peut le dire ? Mais il est vrai qu'il l'aimait. Il est vrai que cela est dur de voir mourir aujourd'hui ce que, hier, on serrait dans ses bras.

SCIPION, *timidement* : Et toi ?

CÆSONIA : Oh ! moi, je suis la vieille maîtresse.

SCIPION : Cæsonia, il faut le sauver.

CÆSONIA : Tu l'aimes donc ?

SCIPION : Je l'aime. Il était bon pour moi. Il m'encourageait et je sais par cœur certaines de ses paroles. Il me disait que la vie n'est pas facile, mais qu'il y avait la religion, l'art, l'amour qu'on nous porte. Il répétait souvent que faire souffrir était la seule façon de se tromper. Il voulait être un homme juste.

CÆSONIA, *se levant* : C'était un enfant.

Elle va vers le miroir et s'y contemple.

Je n'ai jamais eu d'autre dieu que mon corps, et c'est ce dieu que je voudrais prier aujourd'hui pour que Caïus me soit rendu.

Entre Caligula. Apercevant Cæsonia et Scipion, il hésite et recule. Au même instant

> entrent à l'opposé les patriciens et l'intendant
> du palais. Ils s'arrêtent, interdits, Cæsonia se
> retourne. Elle et Scipion courent vers Caligula.
> Il les arrête d'un geste.

Scène 7

L'INTENDANT, *d'une voix mal assurée* : Nous… nous te cherchions, César.

CALIGULA, *d'une voix brève et changée* : Je vois.

L'INTENDANT : Nous… c'est-à-dire…

CALIGULA, *brutalement* : Qu'est-ce que vous voulez ?

L'INTENDANT : Nous étions inquiets, César.

CALIGULA, *s'avançant vers lui* : De quel droit ?

L'INTENDANT : Eh ! heu… *(Soudain inspiré et très vite.)* Enfin, de toute façon, tu sais que tu as à régler quelques questions concernant le Trésor public.

CALIGULA, *pris d'un rire inextinguible* : Le Trésor ? Mais c'est vrai, voyons, le Trésor, c'est capital.

L'INTENDANT : Certes, César.

CALIGULA, *toujours riant, à Cæsonia* : N'est-ce pas, ma chère, c'est très important, le Trésor ?

CÆSONIA : Non, Caligula, C'est une question secondaire.

CALIGULA : Mais c'est que tu n'y connais rien. Le Trésor est d'un intérêt puissant. Tout est important : les finances, la moralité publique, la politique extérieure, l'approvisionnement de l'armée et les lois agraires ! Tout est capital, te dis-je. Tout est sur le même pied : la grandeur de Rome et tes crises d'arthritisme. Ah ! je vais m'occuper de tout cela. Écoute-moi un peu, intendant.

L'INTENDANT : Nous t'écoutons…

Les patriciens s'avancent.

CALIGULA : Tu m'es fidèle, n'est-ce pas ?

L'INTENDANT, *d'un ton de reproche* : César !

CALIGULA : Eh bien, j'ai un plan à te soumettre. Nous allons bouleverser l'économie politique en deux temps. Je te l'expliquerai, intendant… quand les patriciens seront sortis.

Les patriciens sortent.

Scène 8

Caligula s'assied près de Cæsonia.

CALIGULA : Écoute bien. Premier temps : tous les patriciens, toutes les personnes de l'Empire qui disposent de quelque fortune — petite ou grande, c'est exactement la même chose — doivent obligatoirement déshériter leurs enfants et tester sur l'heure en faveur de l'État.

L'INTENDANT : Mais, César…

CALIGULA : Je ne t'ai pas encore donné la parole. À raison de nos besoins, nous ferons mourir ces personnages dans l'ordre d'une liste établie arbitrairement. À l'occasion, nous pourrons modifier cet ordre, toujours arbitrairement. Et nous hériterons.

CÆSONIA, *se dégageant* : Qu'est-ce qui te prend ?

CALIGULA, *imperturbable* : L'ordre des exécutions n'a, en effet, aucune importance. Ou plutôt ces exécutions ont une importance égale, ce qui entraîne qu'elles n'en ont point. D'ailleurs, ils sont aussi coupables les uns que les autres. Notez d'ailleurs qu'il n'est pas plus immoral de voler directement les citoyens que de glisser des taxes indirectes dans le prix de denrées dont ils ne peuvent se passer. Gouverner, c'est voler, tout le monde sait ça. Mais il y a la manière. Pour moi, je volerai franchement. Ça vous changera des gagne-petit. *(Rudement, à l'intendant.)* Tu exécuteras ces ordres sans délai. Les testaments seront signés dans la soirée par tous les habitants de Rome dans un mois au plus tard par tous les provinciaux. Envoie des courriers.

L'INTENDANT : César, tu ne te rends pas compte…

CALIGULA : Écoute-moi bien, imbécile. Si le Trésor a de l'importance, alors la vie humaine n'en a pas. Cela est clair. Tous ceux qui pensent comme toi doivent admettre ce raisonnement et compter leur vie pour rien puisqu'ils tiennent l'argent pour tout. Au demeurant, moi, j'ai décidé d'être logique et puisque j'ai le pouvoir, vous allez voir ce que la logique va vous coûter. J'exterminerai les contradicteurs et les contradictions. S'il le faut, je commencerai par toi.

L'INTENDANT : César, ma bonne volonté n'est pas en question, je te le jure.

CALIGULA : Ni la mienne, tu peux m'en croire. La preuve, c'est que je consens à épouser ton point de vue et à tenir le Trésor public pour un objet de méditations. En somme, remercie-moi, puisque je rentre dans ton jeu et que je joue avec tes cartes. *(Un temps et avec calme.)* D'ailleurs, mon plan, par sa simplicité, est génial, ce qui clôt le débat. Tu as trois secondes pour disparaître. Je compte : un…

L'intendant disparaît.

Scène 9

CÆSONIA : Je te reconnais mal ! C'est une plaisanterie, n'est-ce pas ?

CALIGULA : Pas exactement, Cæsonia. C'est de la pédagogie.

SCIPION : Ce n'est pas possible, Caïus !

CALIGULA : Justement !

SCIPION : Je ne te comprends pas.

CALIGULA : Justement ! il s'agit de ce qui n'est pas possible, ou plutôt il s'agit de rendre possible ce qui ne l'est pas.

SCIPION : Mais c'est un jeu qui n'a pas de limites. C'est la récréation d'un fou.

CALIGULA : Non, Scipion, c'est la vertu d'un empereur. *(Il se renverse avec une expression de fatigue.)* Je viens de comprendre enfin l'utilité du pouvoir. Il donne ses chances à l'impossible. Aujourd'hui, et pour tout le temps qui va venir, la liberté n'a plus de frontières.

CÆSONIA, *tristement* : Je ne sais pas s'il faut s'en réjouir, Caïus.

CALIGULA : Je ne le sais pas non plus. Mais je suppose qu'il faut en vivre.

Entre Cherea.

Scène 10

CHEREA : J'ai appris ton retour. Je fais des vœux pour ta santé.

CALIGULA : Ma santé te remercie. *(Un temps et soudain.)* Va-t'en, Cherea, je ne veux pas te voir.

CHEREA : Je suis surpris, Caïus.

CALIGULA : Ne sois pas surpris. Je n'aime pas les littérateurs et je ne peux supporter leurs mensonges. Ils parlent pour ne pas s'écouter. S'ils s'écoutaient, ils sauraient qu'ils ne sont rien et ne pourraient plus parler. Allez, rompez, j'ai horreur des faux témoins.

CHEREA : Si nous mentons, c'est souvent sans le savoir. Je plaide non coupable.

CALIGULA : Le mensonge n'est jamais innocent. Et le vôtre donne de l'importance aux êtres et aux choses. Voilà ce que je ne puis vous pardonner.

CHEREA : Et pourtant, il faut bien plaider pour ce monde, si nous voulons y vivre.

CALIGULA : Ne plaide pas, la cause est entendue. Ce monde est sans importance et qui le reconnaît conquiert sa liberté. *(Il s'est levé.)* Et justement, je vous hais parce que vous n'êtes pas libres. Dans tout l'Empire romain, me voici seul libre. Réjouissez-vous, il vous est enfin venu un empereur pour vous enseigner la liberté. Va-t'en, Cherea, et toi aussi, Scipion, l'amitié me fait rire. Allez annoncer à Rome que sa liberté lui est enfin rendue et qu'avec elle commence une grande épreuve.

Ils sortent. Caligula s'est détourné.

Scène I I

CÆSONIA : Tu pleures ?

CALIGULA : Oui, Cæsonia.

CÆSONIA : Mais enfin, qu'y a-t-il de changé ? S'il est vrai que tu aimais Drusilla, tu l'aimais en même temps que moi et que beaucoup d'autres. Cela ne suffisait pas pour que sa mort te chasse trois jours et trois nuits dans la campagne et te ramène avec ce visage ennemi.

CALIGULA, *il s'est retourné* : Qui te parle de Drusilla, folle ? Et ne peux-tu imaginer qu'un homme pleure pour autre chose que l'amour ?

CÆSONIA : Pardon, Caïus. Mais je cherche à comprendre.

CALIGULA : Les hommes pleurent parce que les choses

ne sont pas ce qu'elles devraient être. *(Elle va vers lui.)* Laisse, Cæsonia. *(Elle recule.)* Mais reste près de moi.

CÆSONIA : Je ferai ce que tu voudras. *(Elle s'assied.)* À mon âge, on sait que la vie n'est pas bonne. Mais si le mal est sur la terre, pourquoi vouloir y ajouter ?

CALIGULA : Tu ne peux pas comprendre. Qu'importe ? Je sortirai peut-être de là. Mais je sens monter en moi des êtres sans nom. Que ferais-je contre eux ? *(Il se retourne vers elle.)* Oh ! Cæsonia, je savais qu'on pouvait être désespéré, mais j'ignorais ce que ce mot voulait dire. Je croyais comme tout le monde que c'était une maladie de l'âme. Mais non, c'est le corps qui souffre. Ma peau me fait mal, ma poitrine, mes membres. J'ai la tête creuse et le cœur soulevé. Et le plus affreux, c'est ce goût dans la bouche. Ni sang, ni mort, ni fièvre, mais tout cela à la fois. Il suffit que je remue la langue pour que tout redevienne noir et que les êtres me répugnent. Qu'il est dur, qu'il est amer de devenir un homme !

CÆSONIA : Il faut dormir, dormir longtemps, se laisser aller et ne plus réfléchir. Je veillerai sur ton sommeil. À ton réveil, le monde pour toi recouvrera son goût. Fais servir alors ton pouvoir à mieux aimer ce qui peut l'être encore. Ce qui est possible mérite aussi d'avoir sa chance.

CALIGULA : Mais il y faut le sommeil, il y faut l'abandon. Cela n'est pas possible.

CÆSONIA : C'est ce qu'on croit au bout de la fatigue. Un temps vient où l'on retrouve une main ferme.

CALIGULA : Mais il faut savoir où la poser. Et que me fait une main ferme, de quoi me sert ce pouvoir si étonnant si je ne puis changer l'ordre des choses, si je ne puis faire que le soleil se couche à l'est, que la souffrance décroisse et que les êtres ne meurent plus ? Non, Cæsonia, il est indifférent de dormir ou de rester éveillé, si je n'ai pas d'action sur l'ordre de ce monde.

CÆSONIA : Mais c'est vouloir s'égaler aux dieux. Je ne connais pas de pire folie.

CALIGULA : Toi aussi, tu me crois fou. Et pourtant, qu'est-ce qu'un dieu pour que je désire m'égaler à lui ? Ce que je désire de toutes mes forces, aujourd'hui, est au-dessus des dieux. je prends en charge un royaume où l'impossible est roi.

CÆSONIA : Tu ne pourras pas faire que le ciel ne soit pas le ciel, qu'un beau visage devienne laid, un cœur d'homme insensible.

CALIGULA, *avec une exaltation croissante* : Je veux mêler le ciel à la mer, confondre laideur et beauté, faire jaillir le rire de la souffrance.

CÆSONIA, *dressée devant lui et suppliante* : Il y a le bon et le mauvais, ce qui est grand et ce qui est bas, le juste et l'injuste. Je te jure que tout cela ne changera pas.

CALIGULA, *de même* : Ma volonté est de le changer. Je ferai à ce siècle le don de l'égalité. Et lorsque tout sera aplani, l'impossible enfin sur terre, la lune dans mes mains, alors, peut-être, moi-même je serai transformé et le monde avec moi, alors enfin les hommes ne mourront pas et ils seront heureux.

CÆSONIA, *dans un cri* : Tu ne pourras pas nier l'amour.

CALIGULA, *éclatant et avec une voix pleine de rage* : L'amour, Cæsonia ! *(Il l'a prise aux épaules et la secoue.)* J'ai appris que ce n'était rien. C'est l'autre qui a raison : le Trésor public ! Tu l'as bien entendu, n'est-ce pas ? Tout commence avec cela. Ah ! c'est maintenant que je vais vivre enfin ! Vivre, Cæsonia, vivre, c'est le contraire d'aimer. C'est moi qui te le dis et c'est moi qui t'invite à une fête sans mesure, à un procès général, au plus beau des spectacles. Et il me faut du monde, des spectateurs, des victimes et des coupables.

> *Il saute sur le gong et commence à frapper,*
> *sans arrêt, à coups redoublés.*
> *Toujours frappant.*

Faites entrer les coupables. Il me faut des coupables. Et ils le sont tous. *(Frappant toujours.)* Je veux qu'on fasse entrer les condamnés à mort. Du public, je veux avoir mon public ! Juges, témoins, accusés, tous condamnés d'avance ! Ah ! Cæsonia, je leur montrerai ce qu'ils n'ont jamais vu, le seul homme libre de cet empire !

> *Au son du gong, le palais peu à peu s'est*
> *rempli de rumeurs qui grossissent et appro-*
> *chent. Des voix, des bruits d'armes, des pas*
> *et des piétinements. Caligula rit et frappe tou-*
> *jours. Des gardes entrent, puis sortent.*
> *Frappant.*

Et toi, Cæsonia, tu m'obéiras. Tu m'aideras toujours. Ce sera merveilleux. Jure de m'aider, Cæsonia.

CÆSONIA, *égarée, entre deux coups de gong* : Je n'ai pas besoin de jurer, puisque je t'aime.

CALIGULA, *même jeu* : Tu feras tout ce que je te dirai.

CÆSONIA, *même jeu* : Tout, Caligula, mais arrête.

CALIGULA, *toujours frappant* : Tu seras cruelle.

CÆSONIA, *pleurant* : Cruelle.

CALIGULA, *même jeu* : Froide et implacable.

CÆSONIA : Implacable.

CALIGULA, *même jeu* : Tu souffriras aussi.

CÆSONIA : Oui, Caligula, mais je deviens folle.

> *Des patriciens sont entrés, ahuris, et avec*
> *eux les gens du palais. Caligula frappe un*

> *dernier coup, lève son maillet, se retourne*
> *vers eux et les appelle.*

CALIGULA, *insensé* : Venez tous. Approchez. Je vous ordonne d'approcher. *(Il trépigne.)* C'est un empereur qui exige que vous approchiez. *(Tous avancent, pleins d'effroi.)* Venez vite. Et maintenant, approche Cæsonia.

> *Il la prend par la main, la mène près du*
> *miroir et, du maillet, efface frénétiquement*
> *une image sur la surface polie. Il rit.*

Plus rien, tu vois. Plus de souvenirs, tous les visages enfuis ! Rien, plus rien. Et sais-tu ce qui reste. Approche encore. Regarde. Approchez. Regardez.

> *Il se campe devant la glace dans une*
> *attitude démente.*

CÆSONIA, *regardant le miroir, avec effroi* : Caligula !

> *Caligula change de ton, pose son doigt sur*
> *la glace et le regard soudain fixe, dit d'une*
> *voix triomphante :*

CALIGULA : Caligula.

Rideau

Acte II

Scène I

Des patriciens sont réunis chez Cherea.

PREMIER PATRICIEN : Il insulte notre dignité.

MUCIUS : Depuis trois ans !

LE VIEUX PATRICIEN : Il m'appelle petite femme ! Il me ridiculise. À mort !

MUCIUS : Depuis trois ans !

PREMIER PATRICIEN : Il nous fait courir tous les soirs autour de sa litière quand il va se promener dans la campagne !

DEUXIÈME PATRICIEN : Et il nous dit que la course est bonne pour la santé.

MUCIUS : Depuis trois ans !

LE VIEUX PATRICIEN : Il n'y a pas d'excuse à cela.

TROISIÈME PATRICIEN : Non, on ne peut pardonner cela.

PREMIER PATRICIEN : Patricius, il a confisqué tes biens ; Scipion, il a tué ton père ; Octavius, il a enlevé ta femme et la fait travailler maintenant dans sa maison publique ; Lepidus, il a tué ton fils. Allez-vous supporter cela ? Pour moi, mon

choix est fait. Entre le risque à courir et cette vie insupportable dans la peur et l'impuissance, je ne peux pas hésiter.

SCIPION : En tuant mon père, il a choisi pour moi.

PREMIER PATRICIEN : Hésiterez-vous encore ?

TROISIÈME PATRICIEN : Nous sommes avec toi. Il a
donné au peuple nos places de cirque et nous a poussés à
nous battre avec la plèbe pour mieux nous punir ensuite.

LE VIEUX PATRICIEN : C'est un lâche.

DEUXIÈME PATRICIEN : Un cynique.

TROISIÈME PATRICIEN : Un comédien.

LE VIEUX PATRICIEN : C'est un impuissant.

QUATRIÈME PATRICIEN : Depuis trois ans !

> *Tumulte désordonné. Les armes sont bran-
> dies. Un flambeau tombe. Une table est ren-
> versée. Tout le monde se précipite vers la sortie.
> Mais entre Cherea, impassible, qui arrête cet
> élan.*

Scène 2

CHEREA : Où courez-vous ainsi ?

TROISIÈME PATRICIEN : Au palais.

CHEREA : J'ai bien compris. Mais croyez-vous qu'on vous
laissera entrer ?

PREMIER PATRICIEN : Il ne s'agit pas de demander la
permission.

CHEREA : Vous voilà bien vigoureux tout d'un coup ! Puis-je
au moins avoir l'autorisation de m'asseoir chez moi ?

> *On ferme la porte. Cherea marche vers la
> table renversée et s'assied sur un des coins,
> tandis que tous se retournent vers lui.*

CHEREA : Ce n'est pas aussi facile que vous le croyez, mes amis. La peur que vous éprouvez ne peut pas vous tenir lieu de courage et de sang-froid. Tout cela est prématuré.

TROISIÈME PATRICIEN : Si tu n'es pas avec nous, va-t'en, mais tiens ta langue.

CHEREA : Je crois pourtant que je suis avec vous. Mais ce n'est pas pour les mêmes raisons.

TROISIÈME PATRICIEN : Assez de bavardages !

CHEREA, *se redressant* : Oui, assez de bavardages. Je veux que les choses soient claires. Car si je suis avec vous, je ne suis pas pour vous. C'est pourquoi votre méthode ne me paraît pas bonne. Vous n'avez pas reconnu votre véritable ennemi, vous lui prêtez de petits motifs. Il n'en a que de grands et vous courez à votre perte. Sachez d'abord le voir comme il est, vous pourrez mieux le combattre.

TROISIÈME PATRICIEN : Nous le voyons comme il est, le plus insensé des tyrans !

CHEREA : Ce n'est pas sûr. Les empereurs fous, nous connaissons cela. Mais celui-ci n'est pas assez fou. Et ce que je déteste en lui, c'est qu'il sait ce qu'il veut.

PREMIER PATRICIEN : Il veut notre mort à tous.

CHEREA : Non, car cela est secondaire. Mais il met son pouvoir au service d'une passion plus haute et plus mortelle, il nous menace dans ce que nous avons de plus profond. Sans doute, ce n'est pas la première fois que, chez nous, un homme dispose d'un pouvoir sans limites, mais c'est la première fois qu'il s'en sert sans limites, jusqu'à nier l'homme et le monde. Voilà ce qui m'effraie en lui et que je veux combattre. Perdre la vie est peu de chose et j'aurai ce courage quand il le faudra. Mais voir se dissiper le sens de cette vie, disparaître notre raison d'exister, voilà ce qui est insupportable. On ne peut vivre sans raison.

PREMIER PATRICIEN : La vengeance est une raison.

CHEREA : Oui, et je vais la partager avec vous. Mais comprenez que ce n'est pas pour prendre le parti de vos petites humiliations. C'est pour lutter contre une grande idée dont la victoire signifierait la fin du monde. je puis admettre que vous soyez tournés en dérision, Je ne puis accepter que Caligula fasse ce qu'il rêve de faire et tout ce qu'il rêve de faire. Il transforme sa philosophie en cadavres et, pour notre malheur, c'est une philosophie sans objections. Il faut bien frapper quand on ne peut réfuter.

TROISIÈME PATRICIEN : Alors, il faut agir.

CHEREA : Il faut agir. Mais vous ne détruirez pas cette puissance injuste en l'abordant de front, alors qu'elle est en pleine vigueur. On peut combattre la tyrannie, il faut ruser avec la méchanceté désintéressée. Il faut la pousser dans son sens, attendre que cette logique soit devenue démence. Mais encore une fois, et je n'ai parlé ici que par honnêteté, comprenez que je ne suis avec vous que pour un temps. Je ne servirai ensuite aucun de vos intérêts, désireux seulement de retrouver la paix dans un monde à nouveau cohérent. Ce n'est pas l'ambition qui me fait agir, mais une peur raisonnable, la peur de ce lyrisme inhumain auprès de quoi ma vie n'est rien.

PREMIER PATRICIEN, *s'avançant* : Je crois que j'ai compris, ou à peu près. Mais l'essentiel est que tu juges comme nous que les bases de notre société sont ébranlées. Pour nous, n'est-ce pas, vous autres, la question est avant tout morale. La famille tremble, le respect du travail se perd, la patrie tout entière est livrée au blasphème. La vertu nous appelle à son secours, allons-nous refuser de l'entendre ? Conjurés, accepterez-vous enfin que les patriciens soient contraints chaque soir de courir autour de la litière de César ?

LE VIEUX PATRICIEN : Permettrez-vous qu'on les appelle « ma chérie » ?

TROISIÈME PATRICIEN : Qu'on leur enlève leur femme ?

DEUXIÈME PATRICIEN : Et leurs enfants ?

MUCIUS : Et leur argent ?

CINQUIÈME PATRICIEN : Non !

PREMIER PATRICIEN : Cherea, tu as bien parlé. Tu as bien fait aussi de nous calmer. Il est trop tôt pour agir : le peuple, aujourd'hui encore, serait contre nous. Veux-tu guetter avec nous le moment de conclure ?

CHEREA : Oui, laissons continuer Caligula. Poussons-le dans cette voie, au contraire. Organisons sa folie. Un jour viendra où il sera seul devant un empire plein de morts et de parents de morts.

> *Clameur générale. Trompettes au-dehors.*
> *Silence. Puis, de bouche en bouche un nom :*
> *Caligula.*

Scène 3

Entrent Caligula et Cæsonia, suivis d'Hélicon et de soldats. Scène muette. Caligula s'arrête et regarde les conjurés. Il va de l'un à l'autre en silence, arrange une boucle à l'un, recule pour contempler un second, les regarde encore, passe la main sur ses yeux et sort, sans dire un mot.

Scène 4

CÆSONIA, *ironique, montrant le désordre* : Vous vous battiez ?

CHEREA : Nous nous battions.

CÆSONIA, *même jeu* : Et pourquoi vous battiez-vous ?

CHEREA : Nous nous battions pour rien.

CÆSONIA : Alors, ce n'est pas vrai.

CHEREA : Qu'est-ce qui n'est pas vrai ?

CÆSONIA : Vous ne vous battiez pas.

CHEREA : Alors, nous ne nous battions pas.

CÆSONIA, *souriante* : Peut-être vaudrait-il mieux mettre la pièce en ordre. Caligula a horreur du désordre.

HÉLICON, *au vieux patricien* : Vous finirez par le faire sortir de son caractère, cet homme !

LE VIEUX PATRICIEN : Mais enfin, que lui avons-nous fait ?

HÉLICON : Rien, justement. C'est inouï d'être insignifiant à ce point. Cela finit par devenir insupportable. Mettez-vous à la place de Caligula. *(Un temps.)* Naturellement, vous complotiez bien un peu, n'est-ce pas ?

LE VIEUX PATRICIEN : Mais c'est faux, voyons. Que croit-il donc ?

HÉLICON : Il ne croit pas, il le sait. Mais je suppose qu'au fond, il le désire un peu. Allons, aidons à réparer le désordre.

On s'affaire. Caligula entre et observe.

Scène 5

CALIGULA, *au vieux patricien* : Bonjour, ma chérie. *(Aux autres.)* Cherea, j'ai décidé de me restaurer chez toi. Mucius, je me suis permis d'inviter ta femme.

L'intendant frappe dans ses mains. Un esclave entre, mais Caligula l'arrête.

Un instant ! Messieurs, vous savez que les finances de

l'État ne tenaient debout que parce qu'elles en avaient pris l'habitude. Depuis hier, l'habitude elle-même n'y suffit plus. Je suis donc dans la désolante nécessité de procéder à des compressions de personnel. Dans un esprit de sacrifice que vous apprécierez, j'en suis sûr, j'ai décidé de réduire mon train de maison, de libérer quelques esclaves, et de vous affecter à mon service. Vous voudrez bien préparer la table et la servir.

Les sénateurs se regardent et hésitent.

HÉLICON : Allons, messieurs, un peu de bonne volonté. Vous verrez, d'ailleurs, qu'il est plus facile de descendre l'échelle sociale que de la remonter.

Les sénateurs se déplacent avec hésitation.

CALIGULA, *à Cæsonia* : Quel est le châtiment réservé aux esclaves paresseux ?

CÆSONIA : Le fouet, je crois.

Les sénateurs se précipitent et commencent d'installer la table maladroitement.

CALIGULA : Allons, un peu d'application ! De la méthode, surtout, de la méthode ! (*À Hélicon.*) Ils ont perdu la main, il me semble ?

HÉLICON : À vrai dire, ils ne l'ont jamais eue, sinon pour frapper ou commander. Il faudra patienter, voilà tout. Il faut un jour pour faire un sénateur et dix ans pour faire un travailleur.

CALIGULA : Mais j'ai bien peur qu'il en faille vingt pour faire un travailleur d'un sénateur.

HÉLICON : Tout de même, ils y arrivent. À mon avis, ils ont la vocation ! La servitude leur conviendra. (*Un sénateur s'éponge.)* Regarde, ils commencent même à transpirer. C'est une étape.

CALIGULA : Bon. N'en demandons pas trop. Ce n'est pas si mal. Et puis, un instant de justice, c'est toujours bon à prendre. À propos de justice, il faut nous dépêcher : une exécution m'attend. Ah ! Rufius a de la chance que je sois si prompt à avoir faim. *(Confidentiel.)* Rufius, c'est le chevalier qui doit mourir. *(Un temps.)* Vous ne me demandez pas pourquoi il doit mourir ?

> *Silence général. Pendant ce temps, des*
> *esclaves ont apporté des vivres.*
> *De bonne humeur.*

Allons, je vois que vous devenez intelligents. *(Il grignote une olive.)* Vous avez fini par comprendre qu'il n'est pas nécessaire d'avoir fait quelque chose pour mourir. Soldats, je suis content de vous. N'est-ce pas, Hélicon ?

> *Il s'arrête de grignoter et regarde les*
> *convives d'un air farceur.*

HÉLICON : Sûr ! Quelle armée ! Mais si tu veux mon avis, ils sont maintenant trop intelligents, et ils ne voudront plus se battre. S'ils progressent encore, l'empire s'écroule !

CALIGULA : Parfait. Nous nous reposerons. Voyons, plaçons-nous au hasard. Pas de protocole. Tout de même, ce Rufius a de la chance. Et je suis sûr qu'il n'apprécie pas ce petit répit. Pourtant, quelques heures gagnées sur la mort, c'est inestimable.

> *Il mange, les autres aussi. Il devient évident*
> *que Caligula se tient mal à table. Rien ne le*
> *force à jeter ses noyaux d'olives dans l'assiette*
> *de ses voisins immédiats, à cracher ses déchets*
> *de viande sur le plat, comme à se curer les*

dents avec les ongles et à se gratter la tête frénétiquement. C'est pourtant autant d'exploits que, pendant le repas, il exécutera avec simplicité. Mais il s'arrête brusquement de manger et fixe l'un des convives, Lepidus, avec insistance.

Brutalement.

Tu as l'air de mauvaise humeur. Serait-ce parce que j'ai fait mourir ton fils ?

LEPIDUS, *la gorge serrée* : Mais non, Caïus, au contraire.

CALIGULA, *épanoui* : Au contraire ! Ah ! que j'aime que le visage démente les soucis du cœur. Ton visage est triste. Mais ton cœur ? Au contraire, n'est-ce pas, Lepidus ?

LEPIDUS, *résolument* : Au contraire, César.

CALIGULA, *de plus en plus heureux* : Ah ! Lepidus, personne ne m'est plus cher que toi. Rions ensemble, veux-tu ? Et dis-moi quelque bonne histoire.

LEPIDUS, *qui a présumé de ses forces* : Caïus !

CALIGULA : Bon, bon. Je raconterai, alors. Mais tu riras, n'est-ce pas, Lepidus ? *(L'œil mauvais.)* Ne serait-ce que pour ton second fils. *(De nouveau rieur.)* D'ailleurs, tu n'es pas de mauvaise humeur. *(Il boit, puis dictant.)* Au..., au... Allons, Lepidus.

LEPIDUS, *avec lassitude* : Au contraire, Caïus.

CALIGULA : À la bonne heure ! *(Il boit.)* Écoute, maintenant. *(Rêveur.)* Il était une fois un pauvre empereur que personne n'aimait. Lui, qui aimait Lepidus, fit tuer son plus jeune fils pour s'enlever cet amour du cœur. *(Changeant de ton.)* Naturellement, ce n'est pas vrai. Drôle, n'est-ce pas ? Tu ne ris pas. Personne ne rit ? Écoutez alors. *(Avec une violente colère.)* Je veux que tout le monde rie. Toi, Lepidus, et tous les autres. Levez-vous, riez. *(Il frappe sur la table.)* Je veux, vous entendez, je veux vous voir rire.

> *Tout le monde se lève. Pendant toute cette scène, les acteurs, sauf Caligula et Cæsonia, pourront jouer comme des marionnettes.*
>
> *Se renversant sur son lit, épanoui, pris d'un rire irrésistible.*

Non, mais regarde-les, Cæsonia. Rien ne va plus. Honnêteté, respectabilité, qu'en-dira-t-on, sagesse des nations, rien ne veut plus rien dire. Tout disparaît devant la peur. La peur, hein, Cæsonia, ce beau sentiment, sans alliage, pur et désintéressé, un des rares qui tire sa noblesse du ventre. *(Il passe la main sur son front et boit. Sur un ton amical.)* Parlons d'autre chose, maintenant. Voyons, Cherea, tu es bien silencieux.

CHEREA : Je suis prêt à parler, Caïus. Dès que tu le permettras.

CALIGULA : Parfait. Alors, tais-toi. J'aimerais bien entendre notre ami Mucius.

MUCIUS, *à contrecœur* : À tes ordres, Caïus.

CALIGULA : Eh bien, parle-nous de ta femme. Et commence par l'envoyer à ma gauche.

> *La femme de Mucius vient près de Caligula.*

Eh bien ! Mucius, nous t'attendons.

MUCIUS, *un peu perdu* : Ma femme, mais je l'aime.

> *Rire général.*

CALIGULA : Bien sûr, mon ami, bien sûr. Mais comme c'est commun !

> *Il a déjà la femme près de lui et lèche distraitement son épaule gauche.*
> *De plus en plus à l'aise.*

Au fait, quand je suis entré, vous complotiez, n'est-ce pas? On y allait de sa petite conspiration, hein?

LE VIEUX PATRICIEN: Caïus, comment peux-tu?...

CALIGULA: Aucune importance, ma jolie. Il faut bien que vieillesse se passe. Aucune importance, vraiment. Vous êtes incapables d'un acte courageux. Il me vient seulement à l'esprit que j'ai quelques questions d'État à régler. Mais, auparavant, sachons faire leur part aux désirs impétueux que nous crée la nature.

> *Il se lève et entraîne la femme de Mucius dans une pièce voisine.*

Scène 6

> *Mucius fait mine de se lever.*

CÆSONIA, *aimablement*: Oh! Mucius, je reprendrais bien de cet excellent vin.

> *Mucius, dompté, la sert en silence. Moment de gêne. Les sièges craquent. Le dialogue qui suit est un peu compassé.*

CÆSONIA: Eh bien! Cherea. Si tu me disais maintenant pourquoi vous vous battiez tout à l'heure?

CHEREA, *froidement*: Tout est venu, chère Cæsonia, de ce que nous discutions sur le point de savoir si la poésie doit être meurtrière ou non.

CÆSONIA: C'est fort intéressant. Cependant, cela dépasse mon entendement de femme. Mais j'admire que votre passion pour l'art vous conduise à échanger des coups.

CHEREA, *même jeu*: Certes. Mais Caligula me disait qu'il n'est pas de passion profonde sans quelque cruauté.

HÉLICON : Ni d'amour sans un brin de viol.

CÆSONIA, *mangeant* : Il y a du vrai dans cette opinion. N'est-ce pas, vous autres ?

LE VIEUX PATRICIEN : Caligula est un vigoureux psychologue.

PREMIER PATRICIEN : Il nous a parlé avec éloquence du courage.

DEUXIÈME PATRICIEN : Il devrait résumer toutes ses idées. Cela serait inestimable.

CHEREA : Sans compter que cela l'occuperait. Car il est visible qu'il a besoin de distractions.

CÆSONIA, *toujours mangeant* : Vous serez ravis de savoir qu'il y a pensé et qu'il écrit en ce moment un grand traité.

Scène 7

Entrent Caligula et la femme de Mucius.

CALIGULA : Mucius, je te rends ta femme. Elle te rejoindra. Mais pardonnez-moi, quelques instructions à donner.

Il sort rapidement. Mucius, pâle, s'est levé.

Scène 8

CÆSONIA, *à Mucius, resté debout* : Ce grand traité égalera les plus célèbres, Mucius, nous n'en doutons pas.

MUCIUS, *regardant toujours la porte par laquelle Caligula a disparu* : Et de quoi parle-t-il, Cæsonia ?

CÆSONIA, *indifférente* : Oh ! cela me dépasse.

CHEREA : Il faut donc comprendre que cela traite du pouvoir meurtrier de la poésie.

CÆSONIA : Tout juste, je crois.

LE VIEUX PATRICIEN, *avec enjouement* : Eh bien ! cela l'occupera, comme disait Cherea.

CÆSONIA : Oui, ma jolie. Mais ce qui vous gênera, sans doute, c'est le titre de cet ouvrage.

CHEREA : Quel est-il ?

CÆSONIA : « Le Glaive. »

Scène 9

Entre rapidement Caligula.

CALIGULA : Pardonnez-moi, mais les affaires de l'État, elles aussi, sont pressantes. Intendant, tu feras fermer les greniers publics. Je viens de signer le décret. Tu le trouveras dans la chambre.

L'INTENDANT : Mais…

CALIGULA : Demain, il y aura famine.

L'INTENDANT : Mais le peuple va gronder.

CALIGULA, *avec force et précision* : Je dis qu'il y aura famine demain. Tout le monde connaît la famine, c'est un fléau. Demain, il y aura fléau… et j'arrêterai le fléau quand il me plaira. (*Il explique aux autres.*) Après tout, je n'ai pas tellement de façons de prouver que je suis libre. On est toujours libre aux dépens de quelqu'un. C'est ennuyeux, mais c'est normal. (*Avec un coup d'œil vers Mucius.*) Appliquez cette pensée à la jalousie et vous verrez. (*Songeur.*) Tout de même, comme c'est laid d'être jaloux ! Souffrir par vanité et par imagination ! Voir sa femme…

Mucius serre les poings et ouvre la bouche. Très vite.

Mangeons, messieurs. Savez-vous que nous travaillons ferme avec Hélicon? Nous mettons au point un petit traité de l'exécution dont vous nous donnerez des nouvelles.

HÉLICON: À supposer qu'on vous demande votre avis.

CALIGULA: Soyons généreux, Hélicon! Découvrons-leur nos petits secrets. Allez, section III, paragraphe premier.

HÉLICON, *se lève et récite mécaniquement*: « L'exécution soulage et délivre. Elle est universelle, fortifiante et juste dans ses applications comme dans ses intentions. On meurt parce qu'on est coupable. On est coupable parce qu'on est sujet de Caligula. Or, tout le monde est sujet de Caligula. Donc, tout le monde est coupable. D'où il ressort que tout le monde meurt. C'est une question de temps et de patience. »

CALIGULA, *riant*: Qu'en pensez-vous? La patience, hein, voilà une trouvaille! Voulez-vous que je vous dise: c'est ce que j'admire le plus en vous.

Maintenant, messieurs, vous pouvez disposer. Cherea n'a plus besoin de vous. Cependant, que Cæsonia reste! Et Lepidus et Octavius! Mereia aussi. Je voudrais discuter avec vous de l'organisation de ma maison publique. Elle me donne de gros soucis.

> *Les autres sortent lentement. Caligula suit Mucius des yeux.*

Scène 10

CHEREA: À tes ordres, Caïus. Qu'est-ce qui ne va pas? Le personnel est-il mauvais?

CALIGULA: Non, mais les recettes ne sont pas bonnes.

MEREIA: Il faut augmenter les tarifs.

CALIGULA : Mereia, tu viens de perdre une occasion de te taire. Étant donné ton âge, ces questions ne t'intéressent pas et je ne te demande pas ton avis.

MEREIA : Alors, pourquoi m'as-tu fait rester ?

CALIGULA : Parce que, tout à l'heure, j'aurai besoin d'un avis sans passion.

Mereia s'écarte.

CHEREA : Si je puis, Caïus, en parler avec passion, je dirai qu'il ne faut pas toucher aux tarifs.

CALIGULA : Naturellement, voyons. Mais il faut nous rattraper sur le chiffre d'affaires. Et j'ai déjà expliqué mon plan à Cæsonia qui va vous l'exposer. Moi, j'ai trop bu de vin et je commence à avoir sommeil.

Il s'étend et ferme les yeux.

CÆSONIA : C'est fort simple. Caligula crée une nouvelle décoration.

CHEREA : Je ne vois pas le rapport.

CÆSONIA : Il y est, pourtant. Cette distinction constituera l'ordre du Héros civique. Elle récompensera ceux des citoyens qui auront le plus fréquenté la maison publique de Caligula.

CHEREA : C'est lumineux.

CÆSONIA : Je le crois. J'oubliais de dire que la récompense est décernée chaque mois, après vérification des bons d'entrée ; le citoyen qui n'a pas obtenu de décoration au bout de douze mois est exilé ou exécuté.

TROISIÈME PATRICIEN : Pourquoi « ou exécuté » ?

CÆSONIA : Parce que Caligula dit que cela n'a aucune importance. L'essentiel est qu'il puisse choisir.

CHEREA : Bravo. Le Trésor public est aujourd'hui renfloué.

HÉLICON : Et toujours de façon très morale, remarquez-le bien. Il vaut mieux, après tout, taxer le vice que rançonner la vertu comme on le fait dans les sociétés républicaines.

> *Caligula ouvre les yeux à demi et regarde le vieux Mereia qui, à l'écart, sort un petit flacon et en boit une gorgée.*

CALIGULA, *toujours couché* : Que bois-tu, Mereia ?

MEREIA : C'est pour mon asthme, Caïus.

CALIGULA, *allant vers lui en écartant les autres et lui flairant la bouche* : Non, c'est un contrepoison.

MEREIA : Mais non, Caïus. Tu veux rire. J'étouffe dans la nuit et je me soigne depuis fort longtemps déjà.

CALIGULA : Ainsi, tu as peur d'être empoisonné ?

MEREIA : Mon asthme...

CALIGULA : Non. Appelons les choses par leur nom : tu crains que je ne t'empoisonne. Tu me soupçonnes. Tu m'épies.

MEREIA : Mais non, par tous les dieux !

CALIGULA : Tu me suspectes. En quelque sorte, tu te défies de moi.

MEREIA : Caïus !

CALIGULA, *rudement* : Réponds-moi. *(Mathématique.)* Si tu prends un contrepoison, tu me prêtes par conséquent l'intention de t'empoisonner.

MEREIA : Oui.... je veux dire... non.

CALIGULA : Et dès l'instant où tu crois que j'ai pris la décision de t'empoisonner, tu fais ce qu'il faut pour t'opposer à cette volonté.

> *Silence. Dès le début de la scène, Cæsonia et Cherea ont gagné le fond. Seul, Lepidus suit le dialogue d'un air angoissé.*
> *De plus en plus précis.*

Cela fait deux crimes, et une alternative dont tu ne sor-
tiras pas : ou bien je ne voulais pas te faire mourir et tu me
suspectes injustement, moi, ton empereur. Ou bien je le
voulais, et toi, insecte, tu t'opposes à mes projets. *(Un*
temps. Caligula contemple le vieillard avec satisfaction.) Hein,
Mereia, que dis-tu de cette logique ?

MEREIA : Elle est…, elle est rigoureuse, Caïus. Mais elle
ne s'applique pas au cas.

CALIGULA : Et, troisième crime, tu me prends pour un
imbécile. Écoute-moi bien. De ces trois crimes, un seul est
honorable pour toi, le second — parce que dès l'instant où
tu me prêtes une décision et la contrecarres, cela implique
une révolte chez toi. Tu es un meneur d'hommes, un révolutionnaire. Cela est bien. *(Tristement.)* Je t'aime beaucoup,
Mereia. C'est pourquoi tu seras condamné pour ton second
crime et non pour les autres. Tu vas mourir virilement,
pour t'être révolté.

> *Pendant tout ce discours, Mereia se rape-*
> *tisse peu à peu sur son siège.*

Ne me remercie pas. C'est tout naturel. Tiens. *(Il lui tend*
une fiole et aimablement.) Bois ce poison.

> *Mereia, secoué de sanglots, refuse de la*
> *tête. S'impatientant.*

Allons, allons.

> *Mereia tente alors de s'enfuir. Mais Cali-*
> *gula, d'un bond sauvage, l'atteint au milieu de*
> *la scène, le jette sur un siège bas et, après une*
> *lutte de quelques instants, lui enfonce la fiole*
> *entre les dents et la brise à coups de poing.*
> *Après quelques soubresauts, le visage plein*
> *d'eau et de sang, Mereia meurt.*

> *Caligula se relève et s'essuie machinalement les mains.*
>
> *À Cæsonia, lui donnant un fragment de la fiole de Mereia.*

Qu'est-ce que c'est? Un contrepoison?

CÆSONIA, *avec calme*: Non, Caligula. C'est un remède contre l'asthme.

CALIGULA, *regardant Mereia, après un silence*: Cela ne fait rien. Cela revient au même. Un peu plus tôt, un peu plus tard...

> *Il sort brusquement, d'un air affairé, en s'essuyant toujours les mains.*

Scène 11

LEPIDUS, *atterré*: Que faut-il faire?

CÆSONIA, *avec simplicité*: D'abord, retirer le corps, je crois. Il est trop laid!

> *Cherea et Lepidus prennent le corps et le tirent en coulisse.*

LEPIDUS, *à Cherea*: Il faudra faire vite.

CHEREA: Il faut être deux cents.

> *Entre le jeune Scipion. Apercevant Cæsonia, il a un geste pour repartir.*

Scène 12

CÆSONIA: Viens ici.

LE JEUNE SCIPION: Que veux-tu?

CÆSONIA : Approche.

> *Elle lui relève le menton et le regarde dans les yeux. Un temps.*
> *Froidement.*

Il a tué ton père ?

LE JEUNE SCIPION : Oui.

CÆSONIA : Tu le hais ?

LE JEUNE SCIPION : Oui.

CÆSONIA : Tu veux le tuer ?

LE JEUNE SCIPION : Oui.

CÆSONIA, *le lâchant* : Alors, pourquoi me le dis-tu ?

LE JEUNE SCIPION : Parce que je ne crains personne. Le tuer ou être tué, c'est deux façons d'en finir. D'ailleurs, tu ne me trahiras pas.

CÆSONIA : Tu as raison, je ne te trahirai pas. Mais je veux te dire quelque chose — ou plutôt, je voudrais parler à ce qu'il y a de meilleur en toi.

LE JEUNE SCIPION : Ce que j'ai de meilleur en moi, c'est ma haine.

CÆSONIA : Écoute-moi seulement. C'est une parole à la fois difficile et évidente que je veux te dire. Mais c'est une parole qui, si elle était vraiment écoutée, accomplirait la seule révolution définitive de ce monde.

LE JEUNE SCIPION : Alors, dis-la.

CÆSONIA : Pas encore. Pense d'abord au visage révulsé de ton père à qui on arrachait la langue. Pense à cette bouche pleine de sang et à ce cri de bête torturée.

LE JEUNE SCIPION : Oui.

CÆSONIA : Pense maintenant à Caligula.

LE JEUNE SCIPION, *avec tout l'accent de la haine* : Oui.

CÆSONIA : Écoute maintenant : essaie de le comprendre.

> *Elle sort, laissant le jeune Scipion désemparé.*
> *Entre Hélicon.*

Scène 13

HÉLICON : Caligula revient : si vous alliez manger, poète ?

LE JEUNE SCIPION : Hélicon ! Aide-moi.

HÉLICON : C'est dangereux, ma colombe. Et je n'entends rien à la poésie.

LE JEUNE SCIPION : Tu pourrais m'aider. Tu sais beaucoup de choses.

HÉLICON : Je sais que les jours passent et qu'il faut se hâter de manger. Je sais aussi que tu pourrais tuer Caligula... et qu'il ne le verrait pas d'un mauvais œil.

> *Entre Caligula. Sort Hélicon.*

Scène 14

CALIGULA : Ah ! c'est toi.

> *Il s'arrête, un peu comme s'il cherchait une*
> *contenance.*

Il y a longtemps que je ne t'ai vu. *(Avançant lentement vers lui.)* Qu'est-ce que tu fais ? Tu écris toujours ? Est-ce que tu peux me montrer tes dernières pièces ?

LE JEUNE SCIPION, *mal à l'aise, lui aussi, partagé entre sa haine et il ne sait pas quoi :* J'ai écrit des poèmes, César.

CALIGULA : Sur quoi ?

LE JEUNE SCIPION : Je ne sais pas, César. Sur la nature, je crois.

CALIGULA, *plus à l'aise* : Beau sujet. Et vaste. Qu'est-ce qu'elle t'a fait, la nature ?

LE JEUNE SCIPION, *se reprenant, d'un air ironique et mauvais* : Elle me console de n'être pas César.

CALIGULA : Ah ! et crois-tu qu'elle pourrait me consoler de l'être ?

LE JEUNE SCIPION, *même jeu* : Ma foi, elle a guéri des blessures plus graves.

CALIGULA, *étrangement simple* : Blessure ? Tu dis cela avec méchanceté. Est-ce parce que j'ai tué ton père ? Si tu savais pourtant comme le mot est juste. Blessure ! *(Changeant de ton.)* Il n'y a que la haine pour rendre les gens intelligents.

LE JEUNE SCIPION, *raidi* : J'ai répondu à ta question sur la nature.

> *Caligula s'assied, regarde Scipion, puis lui prend brusquement les mains et l'attire de force à ses pieds. Il lui prend le visage dans ses mains.*

CALIGULA : Récite-moi ton poème.

LE JEUNE SCIPION : Je t'en prie, César, non.

CALIGULA : Pourquoi ?

LE JEUNE SCIPION : Je ne l'ai pas sur moi.

CALIGULA : Ne t'en souviens-tu pas ?

LE JEUNE SCIPION : Non.

CALIGULA : Dis-moi du moins ce qu'il contient.

LE JEUNE SCIPION, *toujours raidi et comme à regret* : J'y parlais…

CALIGULA : Eh bien ?

LE JEUNE SCIPION : Non, je ne sais pas…

CALIGULA : Essaie…

LE JEUNE SCIPION : J'y parlais d'un certain accord de la terre…

CALIGULA, *l'interrompant, d'un ton absorbé* : … de la terre et du pied.

LE JEUNE SCIPION, *surpris, hésite et continue* : Oui, c'est à peu près cela…

CALIGULA : Continue.

LE JEUNE SCIPION : … et aussi de la ligne des collines romaines et de cet apaisement fugitif et bouleversant qu'y ramène le soir…

CALIGULA : … Du cri des martinets dans le ciel vert.

LE JEUNE SCIPION, *s'abandonnant un peu plus* : Oui, encore.

CALIGULA : Eh bien ?

LE JEUNE SCIPION : Et de cette minute subtile où le ciel encore plein d'or brusquement bascule et nous montre en un instant son autre face, gorgée d'étoiles luisantes.

CALIGULA : De cette odeur de fumée, d'arbres et d'eaux qui monte alors de la terre vers la nuit.

LE JEUNE SCIPION, *tout entier* : … Le cri des cigales et la retombée des chaleurs, les chiens, les roulements des derniers chars, les voix des fermiers…

CALIGULA : … Et les chemins noyés d'ombre dans les lentisques et les oliviers…

LE JEUNE SCIPION : Oui, oui. C'est tout cela ! Mais comment l'as-tu appris ?

CALIGULA, *pressant le jeune Scipion contre lui* : Je ne sais pas. Peut-être parce que nous aimons les mêmes vérités.

LE JEUNE SCIPION, *frémissant, cache sa tête contre la*

poitrine de Caligula : Oh ! qu'importe, puisque tout prend en moi le visage de l'amour !

CALIGULA, *toujours caressant* : C'est la vertu des grands cœurs, Scipion. Si, du moins, je pouvais connaître ta transparence ! Mais je sais trop la force de ma passion pour la vie, elle ne se satisfera pas de la nature. Tu ne peux pas comprendre cela. Tu es d'un autre monde. Tu es pur dans le bien, comme je suis pur dans le mal.

LE JEUNE SCIPION : Je peux comprendre.

CALIGULA : Non. Ce quelque chose en moi, ce lac de silence, ces herbes pourries. (*Changeant brusquement de ton.*) Ton poème doit être beau. Mais si tu veux mon avis…

LE JEUNE SCIPION, *même jeu* : Oui.

CALIGULA : Tout cela manque de sang.

> *Scipion se rejette brusquement en arrière et regarde Caligula avec horreur. Toujours reculant, il parle d'une voix sourde, devant Caligula qu'il regarde avec intensité.*

LE JEUNE SCIPION : Oh ! le monstre, l'infect monstre. Tu as encore joué. Tu viens de jouer, hein ? Et tu es content de toi ?

CALIGULA, *avec un peu de tristesse* : Il y a du vrai dans ce que tu dis. J'ai joué.

LE JEUNE SCIPION, *même jeu* : Quel cœur ignoble et ensanglanté tu dois avoir. Oh ! comme tant de mal et de haine doivent te torturer !

CALIGULA, *doucement* : Tais-toi, maintenant.

LE JEUNE SCIPION : Comme je te plains et comme je te hais !

CALIGULA, *avec colère* : Tais-toi.

LE JEUNE SCIPION : Et quelle immonde solitude doit être la tienne !

CALIGULA, *éclatant, se jette sur lui et le prend au collet; il le secoue*: La solitude! Tu la connais, toi, la solitude? Celle des poètes et des impuissants. La solitude? Mais laquelle? Ah! tu ne sais pas que seul, on ne l'est jamais! Et que partout le même poids d'avenir et de passé nous accompagne! Les êtres qu'on a tués sont avec nous. Et pour ceux-là, ce serait encore facile. Mais ceux qu'on a aimés, ceux qu'on n'a pas aimés et qui vous ont aimé, les regrets, le désir, l'amertume et la douceur, les putains et la clique des dieux. *(Il le lâche et recule vers sa place.)* Seul! Ah! si du moins, au lieu de cette solitude empoisonnée de présences qui est la mienne, je pouvais goûter la vraie, le silence et le tremblement d'un arbre! *(Assis, avec une soudaine lassitude.)* La solitude! Mais non, Scipion. Elle est peuplée de grincements de dents et tout entière retentissante de bruits et de clameurs perdues. Et près des femmes que je caresse, quand la nuit se referme sur nous et que je crois, éloigné de ma chair enfin contentée, saisir un peu de moi entre la vie et la mort, ma solitude entière s'emplit de l'aigre odeur du plaisir aux aisselles de la femme qui sombre encore à mes côtés.

> *Il a l'air exténué. Long silence.*
> *Le jeune Scipion passe derrière Caligula et s'approche, hésitant. Il tend une main vers Caligula et la pose sur son épaule. Caligula, sans se retourner, la couvre d'une des siennes.*

LE JEUNE SCIPION: Tous les hommes ont une douceur dans la vie. Cela les aide à continuer. C'est vers elle qu'ils se retournent quand ils se sentent trop usés.

CALIGULA: C'est vrai, Scipion.

LE JEUNE SCIPION: N'y a-t-il donc rien dans la tienne qui soit semblable, l'approche des larmes, un refuge silencieux?

CALIGULA : Si, pourtant.

LE JEUNE SCIPION : Et quoi donc ?

CALIGULA, *lentement* : Le mépris.

Rideau

Acte III

Scène I

Avant le lever du rideau, bruit de cymbales et de caisse. Le rideau s'ouvre sur une sorte de parade foraine. Au centre, une tenture devant laquelle, sur une petite estrade, se trouvent Hélicon et Cæsonia. Les cymbalistes de chaque côté. Assis sur des sièges, tournant le dos aux spectateurs, quelques patriciens et le jeune Scipion.

HÉLICON *récitant sur le ton de la parade :* Approchez ! Approchez ! *(Cymbales.)* Une fois de plus, les dieux sont descendus sur terre. Caïus, César et dieu, surnommé Caligula, leur a prêté sa forme tout humaine. Approchez, grossiers mortels, le miracle sacré s'opère devant nos yeux. Par une faveur particulière au règne béni de Caligula, les secrets divins sont offerts à tous les yeux.

Cymbales.

CÆSONIA : Approchez, Messieurs ! Adorez et donnez votre obole. Le mystère céleste est mis aujourd'hui à la portée de toutes les bourses.

Cymbales.

HÉLICON : L'Olympe et ses coulisses, ses intrigues, ses pantoufles et ses larmes. Approchez! Approchez! Toute la vérité sur vos dieux !

> *Cymbales.*

CÆSONIA : Adorez et donnez votre obole. Approchez, Messieurs. La représentation va commencer.

> *Cymbales. Mouvements d'esclaves qui apportent divers objets sur l'estrade.*

HÉLICON : Une reconstitution impressionnante de vérité, une réalisation sans précédent. Les décors majestueux de la puissance divine ramenés sur terre, une attraction sensationnelle et démesurée, la foudre *(les esclaves allument des feux grégeois),* le tonnerre *(on roule un tonneau plein de cailloux),* le destin lui-même dans sa marche triomphale. Approchez et contemplez !

> *Il tire la tenture et Caligula costumé en Vénus grotesque apparaît sur un piédestal.*

CALIGULA, *aimable* : Aujourd'hui, je suis Vénus.

CÆSONIA : L'adoration commence. Prosternez-vous *(tous, sauf Scipion, se prosternent)* et répétez après moi la prière sacrée à Caligula-Vénus :

« Déesse des douleurs et de la danse... »

LES PATRICIENS : « Déesse des douleurs et de la danse... »

CÆSONIA : « Née des vagues, toute visqueuse et amère dans le sel et l'écume... »

LES PATRICIENS : « Née des vagues, toute visqueuse et amère dans le sel et l'écume... »

CÆSONIA : « Toi qui es comme un rire et un regret... »

LES PATRICIENS : « Toi qui es comme un rire et un regret... »

CÆSONIA : « ... une rancœur et un élan... »

LES PATRICIENS : « ... une rancœur et un élan... »

CÆSONIA : « Enseigne-nous l'indifférence qui fait renaître les amours... »

LES PATRICIENS : « Enseigne-nous l'indifférence qui fait renaître les amours... »

CÆSONIA : « Instruis-nous de la vérité de ce monde qui est de n'en point avoir... »

LES PATRICIENS : « Instruis-nous de la vérité de ce monde qui est de n'en point avoir... »

CÆSONIA : « Et accorde-nous la force de vivre à la hauteur de cette vérité sans égale... »

LES PATRICIENS : « Et accorde-nous la force de vivre à la hauteur de cette vérité sans égale... »

CÆSONIA : Pause !

LES PATRICIENS : Pause !

CÆSONIA, *reprenant* : « Comble-nous de tes dons, répands sur nos visages ton impartiale cruauté, ta haine tout objective ; ouvre au-dessus de nos yeux tes mains pleines de fleurs et de meurtres. »

LES PATRICIENS : « ... tes mains pleines de fleurs et de meurtres. »

CÆSONIA : « Accueille tes enfants égarés. Reçois-les dans l'asile dénudé de ton amour indifférent et douloureux. Donne-nous tes passions sans objet, tes douleurs privées de raison et tes joies sans avenir... »

LES PATRICIENS : « ... et tes joies sans avenir... »

CÆSONIA, *très haut* : « Toi, si vide et si brûlante, inhumaine, mais si terrestre, enivre-nous du vin de ton équivalence et rassasie-nous pour toujours dans ton cœur noir et salé. »

LES PATRICIENS : « ... enivre-nous du vin de ton équivalence et rassasie-nous pour toujours dans ton cœur noir et salé. »

> *Quand la dernière phrase a été prononcée par les patriciens, Caligula, jusque-là immobile, s'ébroue et d'une voix de stentor:*

CALIGULA: Accordé, mes enfants, vos vœux seront exaucés.

> *Il s'assied en tailleur sur le piédestal. Un à un, les patriciens se prosternent, versent leur obole et se rangent à droite avant de disparaître. Le dernier, troublé, oublie son obole et se retire. Mais Caligula, d'un bond, se remet debout.*

Hep! Hep! Viens ici, mon garçon. Adorer, c'est bien, mais enrichir, c'est mieux. Merci. Cela va bien. Si les dieux n'avaient pas d'autres richesses que l'amour des mortels, ils seraient aussi pauvres que le pauvre Caligula. Et maintenant, messieurs, vous allez pouvoir partir et répandre dans la ville l'étonnant miracle auquel il vous a été donné d'assister: vous avez vu Vénus, ce qui s'appelle voir, avec vos yeux de chair, et Vénus vous a parlé. Allez, messieurs.

> *Mouvement des patriciens.*

Une seconde! En sortant, prenez le couloir de gauche. Dans celui de droite, j'ai posté des gardes pour vous assassiner.

> *Les patriciens sortent avec beaucoup d'empressement et un peu de désordre. Les esclaves et les musiciens disparaissent.*

Scène 2

Hélicon menace Scipion du doigt.

HÉLICON : Scipion, on a encore fait l'anarchiste !

SCIPION, *à Caligula* : Tu as blasphémé, Caïus.

HÉLICON : Qu'est-ce que cela peut bien vouloir dire ?

SCIPION : Tu souilles le ciel après avoir ensanglanté la terre.

HÉLICON : Ce jeune homme adore les grands mots.

Il va se coucher sur un divan.

CÆSONIA, *très calme* : Comme tu y vas, mon garçon ; il y a en ce moment, dans Rome, des gens qui meurent pour des discours beaucoup moins éloquents.

SCIPION : J'ai décidé de dire la vérité à Caïus.

CÆSONIA : Eh bien, Caligula, cela manquait à ton règne, une belle figure morale !

CALIGULA, *intéressé* : Tu crois donc aux dieux, Scipion ?

SCIPION : Non.

CALIGULA : Alors, je ne comprends pas : pourquoi es-tu si prompt à dépister les blasphèmes ?

SCIPION : Je puis nier une chose sans me croire obligé de la salir ou de retirer aux autres le droit d'y croire.

CALIGULA : Mais c'est de la modestie, cela, de la vraie modestie ! Oh ! cher Scipion, que je suis content pour toi. Et envieux, tu sais... Car c'est le seul sentiment que je n'éprouverai peut-être jamais.

SCIPION : Ce n'est pas moi que tu jalouses, ce sont les dieux eux-mêmes.

CALIGULA : Si tu veux bien, cela restera comme le grand secret de mon règne. Tout ce qu'on peut me reprocher aujourd'hui, c'est d'avoir fait encore un petit progrès sur la voie de la puissance et de la liberté. Pour un homme qui aime le pouvoir, la rivalité des dieux a quelque chose d'agaçant. J'ai supprimé cela. J'ai prouvé à ces dieux illusoires qu'un homme, s'il en a la volonté, peut exercer, sans apprentissage, leur métier ridicule.

SCIPION : C'est cela le blasphème, Caïus.

CALIGULA : Non, Scipion, c'est de la clairvoyance. J'ai simplement compris qu'il n'y a qu'une façon de s'égaler aux dieux : il suffit d'être aussi cruel qu'eux.

SCIPION : Il suffit de se faire tyran.

CALIGULA : Qu'est-ce qu'un tyran ?

SCIPION : Une âme aveugle.

CALIGULA : Cela n'est pas sûr, Scipion. Mais un tyran est un homme qui sacrifie des peuples à ses idées ou à son ambition. Moi, je n'ai pas d'idées et je n'ai plus rien à briguer en fait d'honneurs et de pouvoir. Si j'exerce ce pouvoir, c'est par compensation.

SCIPION : À quoi ?

CALIGULA : À la bêtise et à la haine des dieux.

SCIPION : La haine ne compense pas la haine. Le pouvoir n'est pas une solution. Et je ne connais qu'une façon de balancer l'hostilité du monde.

CALIGULA : Quelle est-elle ?

SCIPION : La pauvreté.

CALIGULA, *soignant ses pieds* : Il faudra que j'essaie de celle-là aussi.

SCIPION : En attendant, beaucoup d'hommes meurent autour de toi.

CALIGULA : Si peu, Scipion, vraiment. Sais-tu combien de guerres j'ai refusées ?

SCIPION : Non.

CALIGULA : Trois. Et sais-tu pourquoi je les ai refusées ?

SCIPION : Parce que tu fais fi de la grandeur de Rome.

CALIGULA : Non, parce que je respecte la vie humaine.

SCIPION : Tu te moques de moi, Caïus.

CALIGULA : Ou, du moins, je la respecte plus que je ne respecte un idéal de conquête. Mais il est vrai que je ne la respecte pas plus que je ne respecte ma propre vie. Et s'il m'est facile de tuer, c'est qu'il ne m'est pas difficile de mourir. Non, plus j'y réfléchis et plus je me persuade que je ne suis pas un tyran.

SCIPION : Qu'importe si cela nous coûte aussi cher que si tu l'étais.

CALIGULA, *avec un peu d'impatience* : Si tu savais compter, tu saurais que la moindre guerre entreprise par un tyran raisonnable vous coûterait mille fois plus cher que les caprices de ma fantaisie.

SCIPION : Mais, du moins, ce serait raisonnable et l'essentiel est de comprendre.

CALIGULA : On ne comprend pas le destin et c'est pourquoi je me suis fait destin. J'ai pris le visage bête et incompréhensible des dieux. C'est cela que tes compagnons de tout à l'heure ont appris à adorer.

SCIPION : Et c'est cela le blasphème, Caïus.

CALIGULA : Non, Scipion, c'est de l'art dramatique ! L'erreur de tous ces hommes, c'est de ne pas croire assez au théâtre. Ils sauraient sans cela qu'il est permis à tout homme de jouer les tragédies célestes et de devenir dieu. Il suffit de se durcir le cœur.

SCIPION : Peut-être, en effet, Caïus. Mais si cela est vrai, je crois qu'alors tu as fait le nécessaire pour qu'un jour, autour de toi, des légions de dieux humains se lèvent, implacables à leur tour, et noient dans le sang ta divinité d'un moment.

CÆSONIA : Scipion !

CALIGULA, *d'une voix précise et dure* : Laisse, Cæsonia. Tu ne crois pas si bien dire, Scipion : j'ai fait le nécessaire. J'imagine difficilement le jour dont tu parles. Mais j'en rêve quelquefois. Et sur tous les visages qui s'avancent alors du fond de la nuit amère, dans leurs traits tordus par la haine et l'angoisse, je reconnais, en effet, avec ravissement, le seul dieu que j'aie adoré en ce monde : misérable et lâche comme le cœur humain. *(Irrité.)* Et maintenant, va-t'en. Tu en as beaucoup trop dit. *(Changeant de ton.)* J'ai encore les doigts de mes pieds à rougir. Cela presse.

> *Tous sortent, sauf Hélicon, qui tourne en rond autour de Caligula, absorbé par les soins de ses pieds.*

Scène 3

CALIGULA : Hélicon !

HÉLICON : Qu'y a-t-il ?

CALIGULA : Ton travail avance ?

HÉLICON : Quel travail ?

CALIGULA : Eh bien !… la lune !

HÉLICON : Ça progresse. C'est une question de patience. Mais je voudrais te parler.

CALIGULA : J'aurais peut-être de la patience, mais je n'ai pas beaucoup de temps. Il faut faire vite, Hélicon.

HÉLICON : Je te l'ai dit, je ferai pour le mieux. Mais auparavant, j'ai des choses graves à t'apprendre.

CALIGULA, *comme s'il n'avait pas entendu* : Remarque que je l'ai déjà eue.

HÉLICON : Qui ?

CALIGULA : La lune.

HÉLICON : Oui, naturellement. Mais sais-tu que l'on complote contre ta vie ?

CALIGULA : Je l'ai eue tout à fait même. Deux ou trois fois seulement, il est vrai. Mais tout de même, je l'ai eue.

HÉLICON : Voilà bien longtemps que j'essaie de te parler.

CALIGULA : C'était l'été dernier. Depuis le temps que je la regardais et que je la caressais sur les colonnes du jardin, elle avait fini par comprendre.

HÉLICON : Cessons ce jeu, Caïus. Si tu ne veux pas m'écouter, mon rôle est de parler quand même. Tant pis si tu n'entends pas.

CALIGULA, *toujours occupé à rougir ses ongles du pied* : Ce vernis ne vaut rien. Mais pour en revenir à la lune, c'était pendant une belle nuit d'août. *(Hélicon se détourne avec dépit et se tait, immobile.)* Elle a fait quelques façons. J'étais déjà couché. Elle était d'abord toute sanglante, au-dessus de l'horizon. Puis elle a commencé à monter, de plus en plus légère, avec une rapidité croissante. Plus elle montait, plus elle devenait claire. Elle est devenue comme un lac d'eau laiteuse au milieu de cette nuit pleine de froissements d'étoiles. Elle est arrivée alors dans la chaleur, douce, légère et nue. Elle a franchi le seuil de la chambre et, avec sa lenteur sûre, est arrivée jusqu'à mon lit, s'y est coulée et m'a inondé de ses sourires et de son éclat. — Décidément, ce vernis ne vaut rien. Mais tu vois, Hélicon, je puis dire sans me vanter que je l'ai eue.

HÉLICON : Veux-tu m'écouter et connaître ce qui te menace ?

CALIGULA, *s'arrête et le regarde fixement* : Je veux seulement la lune, Hélicon. Je sais d'avance ce qui me tuera. Je n'ai pas encore épuisé tout ce qui peut me faire vivre. C'est pourquoi je veux la lune. Et tu ne reparaîtras pas ici avant de me l'avoir procurée.

HÉLICON : Alors, je ferai mon devoir et je dirai ce que j'ai à dire. Un complot s'est formé contre toi. Cherea en est le chef. J'ai surpris cette tablette qui peut t'apprendre l'essentiel. Je la dépose ici.

Hélicon dépose la tablette sur un des sièges et se retire.

CALIGULA : Où vas-tu, Hélicon ?

HÉLICON, *sur le seuil* : Te chercher la lune.

Scène 4

On gratte à la porte opposée. Caligula se retourne brusquement et aperçoit le vieux patricien.

LE VIEUX PATRICIEN, *hésitant* : Tu permets, Caïus ?

CALIGULA, *impatient* : Eh bien ! entre. *(Le regardant.)* Alors, ma jolie, on vient revoir Vénus !

LE VIEUX PATRICIEN : Non, ce n'est pas cela. Chut ! Oh ! pardon, Caïus... je veux dire... Tu sais que je t'aime beaucoup... et puis je ne demande qu'à finir mes vieux jours dans la tranquillité...

CALIGULA : Pressons ! Pressons !

LE VIEUX PATRICIEN : Oui, bon. Enfin... *(Très vite.)* C'est très grave, voilà tout.

CALIGULA : Non, ce n'est pas grave.

LE VIEUX PATRICIEN : Mais quoi donc, Caïus ?

CALIGULA : Mais de quoi parlons-nous, mon amour ?

LE VIEUX PATRICIEN, *il regarde autour de lui* : C'est-à-dire… *(Il se tortille et finit par exploser.)* Un complot contre toi…

CALIGULA: Tu vois bien, c'est ce que je disais, ce n'est pas grave du tout.

LE VIEUX PATRICIEN: Caïus, ils veulent te tuer.

CALIGULA, *va vers lui et le prend aux épaules*: Sais-tu pourquoi je ne puis pas te croire?

LE VIEUX PATRICIEN, *faisant le geste de jurer*: Par tous les dieux, Caïus…

CALIGULA, *doucement et le poussant peu à peu vers la porte*: Ne jure pas, surtout, ne jure pas. Écoute plutôt. Si ce que tu dis était vrai, il me faudrait supposer que tu trahis tes amis, n'est-ce pas?

LE VIEUX PATRICIEN, *un peu perdu*: C'est-à-dire, Caïus, que mon amour pour toi…

CALIGULA, *du même ton*: Et je ne puis pas supposer cela. J'ai tant détesté la lâcheté que je ne pourrais jamais me retenir de faire mourir un traître. Je sais bien ce que tu vaux, moi. Et, assurément, tu ne voudras ni trahir ni mourir.

LE VIEUX PATRICIEN: Assurément, Caïus, assurément!

CALIGULA: Tu vois donc que j'avais raison de ne pas te croire. Tu n'es pas un lâche, n'est-ce pas?

LE VIEUX PATRICIEN: Oh! non…

CALIGULA: Ni un traître?

LE VIEUX PATRICIEN: Cela va sans dire, Caïus.

CALIGULA: Et, par conséquent, il n'y a pas de complot, dis-moi, ce n'était qu'une plaisanterie?

LE VIEUX PATRICIEN, *décomposé*: Une plaisanterie, une simple plaisanterie…

CALIGULA: Personne ne veut me tuer, cela est évident?

LE VIEUX PATRICIEN: Personne, bien sûr, personne.

CALIGULA, *respirant fortement, puis lentement*: Alors, disparais, ma jolie. Un homme d'honneur est un animal si rare en ce monde que je ne pourrais pas en supporter la vue trop longtemps. Il faut que je reste seul pour savourer ce grand moment.

Scène 5

Caligula contemple un moment la tablette de sa place. Il la saisit et la lit. Il respire fortement et appelle un garde.

CALIGULA : Amène Cherea.

Le garde sort.

Un moment.

Le garde s'arrête.

Avec des égards.

Le garde sort.
Caligula marche un peu de long en large.
Puis il se dirige vers le miroir.

Tu avais décidé d'être logique, idiot. Il s'agit seulement de savoir jusqu'où cela ira. *(Ironique.)* Si l'on t'apportait la lune, tout serait changé, n'est-ce pas ? Ce qui est impossible deviendrait possible et du même coup, en une fois, tout serait transfiguré. Pourquoi pas, Caligula ? Qui peut le savoir ? *(Il regarde autour de lui.)* Il y a de moins en moins de monde autour de moi, c'est curieux. *(Au miroir, d'une voix sourde.)* Trop de morts, trop de morts, cela dégarnit. Même si l'on m'apportait la lune, je ne pourrais pas revenir en arrière. Même si les morts frémissaient à nouveau sous la caresse du soleil, les meurtres ne rentreraient pas sous terre pour autant. *(Avec un accent furieux.)* La logique, Caligula, il faut poursuivre la logique. Le pouvoir jusqu'au bout, l'abandon jusqu'au bout. Non, on ne revient pas en arrière et il faut aller jusqu'à la consommation !

Entre Cherea.

Scène 6

Caligula, renversé un peu dans son siège, est engoncé dans son manteau. Il a l'air exténué.

CHEREA : Tu m'as demandé, Caïus ?

CALIGULA, *d'une voix faible* : Oui, Cherea. Gardes ! Des flambeaux !

Silence.

CHEREA : Tu as quelque chose de particulier à me dire ?

CALIGULA : Non, Cherea.

Silence.

CHEREA, *un peu agacé* : Tu es sûr que ma présence est nécessaire ?

CALIGULA : Absolument sûr, Cherea.

Encore un temps de silence.
Soudain empressé.

Mais, excuse-moi. je suis distrait et te reçois bien mal. Prends ce siège et devisons en amis. J'ai besoin de parler un peu à quelqu'un d'intelligent.

Cherea s'assied.
Naturel, il semble, pour la première fois depuis le début de la pièce.

Cherea, crois-tu que deux hommes dont l'âme et la fierté sont égales peuvent, au moins une fois dans leur vie, se parler de tout leur cœur — comme s'ils étaient nus l'un devant l'autre, dépouillés des préjugés, des intérêts particuliers et des mensonges dont ils vivent?

CHEREA : Je pense que cela est possible, Caïus. Mais je crois que tu en es incapable.

CALIGULA : Tu as raison. Je voulais seulement savoir si tu pensais comme moi. Couvrons-nous donc de masques. Utilisons nos mensonges. Parlons comme on se bat, couverts jusqu'à la garde. Cherea, pourquoi ne m'aimes-tu pas?

CHEREA : Parce qu'il n'y a rien d'aimable en toi, Caïus. Parce que ces choses ne se commandent pas. Et aussi, parce que je te comprends trop bien et qu'on ne peut aimer celui de ses visages qu'on essaie de masquer en soi.

CALIGULA : Pourquoi me haïr?

CHEREA : Ici, tu te trompes, Caïus. Je ne te hais pas. Je te juge nuisible et cruel, égoïste et vaniteux. Mais je ne puis pas te haïr puisque je ne te crois pas heureux. Et je ne puis pas te mépriser puisque je sais que tu n'es pas lâche.

CALIGULA : Alors, pourquoi veux-tu me tuer?

CHEREA : Je te l'ai dit : je te juge nuisible. J'ai le goût et le besoin de la sécurité. La plupart des hommes sont comme moi. Ils sont incapables de vivre dans un univers où la pensée la plus bizarre peut en une seconde entrer dans la réalité — où, la plupart du temps, elle y entre, comme un couteau dans un cœur. Moi non plus, je ne veux pas vivre dans un tel univers. Je préfère me tenir bien en main.

CALIGULA : La sécurité et la logique ne vont pas ensemble.

CHEREA : Il est vrai. Cela n'est pas logique, mais cela est sain.

CALIGULA : Continue.

CHEREA : Je n'ai rien de plus à dire. Je ne veux pas entrer dans ta logique. J'ai une autre idée de mes devoirs d'homme. Je sais que la plupart de tes sujets pensent comme moi. Tu es gênant pour tous. Il est naturel que tu disparaisses.

CALIGULA : Tout cela est très clair et très légitime. Pour la plupart des hommes, ce serait même évident. Pas pour toi, cependant. Tu es intelligent et l'intelligence se paie cher ou se nie. Moi, je paie. Mais toi, pourquoi ne pas la nier et ne pas vouloir payer ?

CHEREA : Parce que j'ai envie de vivre et d'être heureux. Je crois qu'on ne peut être ni l'un ni l'autre en poussant l'absurde dans toutes ses conséquences. Je suis comme tout le monde. Pour m'en sentir libéré, je souhaite parfois la mort de ceux que j'aime, je convoite des femmes que les lois de la famille ou de l'amitié m'interdisent de convoiter. Pour être logique, je devrais alors tuer ou posséder. Mais je juge que ces idées vagues n'ont pas d'importance. Si tout le monde se mêlait de les réaliser, nous ne pourrions ni vivre ni être heureux. Encore une fois, c'est cela qui m'importe.

CALIGULA : Il faut donc que tu croies à quelque idée supérieure.

CHEREA : Je crois qu'il y a des actions qui sont plus belles que d'autres.

CALIGULA : Je crois que toutes sont équivalentes.

CHEREA : Je le sais, Caïus, et c'est pourquoi je ne te hais pas. Mais tu es gênant et il faut que tu disparaisses.

CALIGULA : C'est très juste. Mais pourquoi me l'annoncer et risquer ta vie ?

CHEREA : Parce que d'autres me remplaceront et parce que je n'aime pas mentir.

Silence.

CALIGULA : Cherea !

CHEREA : Oui, Caïus.

CALIGULA : Crois-tu que deux hommes dont l'âme et la fierté sont égales peuvent, au moins une fois dans leur vie, se parler de tout leur cœur ?

CHEREA : Je crois que c'est ce que nous venons de faire.

CALIGULA : Oui, Cherea. Tu m'en croyais incapable, pourtant.

CHEREA : J'avais tort, Caïus, je le reconnais et je te remercie. J'attends maintenant ta sentence.

CALIGULA, *distrait* : Ma sentence ? Ah ! tu veux dire... *(Tirant la tablette de son manteau.)* Connais-tu cela, Cherea ?

CHEREA : Je savais qu'elle était en ta possession.

CALIGULA, *de façon passionnée* : Oui, Cherea, et ta franchise elle-même était simulée. Les deux hommes ne se sont pas parlé de tout leur cœur. Cela ne fait rien pourtant. Maintenant, nous allons cesser le jeu de la sincérité et recommencer à vivre comme par le passé. Il faut encore que tu essaies de comprendre ce que je vais te dire, que tu subisses mes offenses et mon humeur. Écoute, Cherea. Cette tablette est la seule preuve.

CHEREA : Je m'en vais, Caïus. Je suis lassé de tout ce jeu grimaçant. Je le connais trop et ne veux plus le voir.

CALIGULA, *de la même voix passionnée et attentive* : Reste encore. C'est la preuve, n'est-ce pas ?

CHEREA : Je ne crois pas que tu aies besoin de preuves pour faire mourir un homme.

CALIGULA : Il est vrai. Mais, pour une fois, je veux me contredire. Cela ne gêne personne. Et c'est si bon de se contredire de temps en temps. Cela repose. J'ai besoin de repos, Cherea.

CHEREA : Je ne comprends pas et je n'ai pas de goût pour ces complications.

CALIGULA : Bien sûr, Cherea. Tu es un homme sain, toi. Tu ne désires rien d'extraordinaire ! (*Éclatant de rire.*) Tu veux vivre et être heureux. Seulement cela !

CHEREA : Je crois qu'il vaut mieux que nous en restions là.

CALIGULA : Pas encore. Un peu de patience, veux-tu ? J'ai là cette preuve, regarde. Je veux considérer que je ne peux vous faire mourir sans elle. C'est mon idée et c'est mon repos. Eh bien ! vois ce que deviennent les preuves dans la main d'un empereur.

> *Il approche la tablette d'un flambeau.*
> *Cherea le rejoint. Le flambeau les sépare. La*
> *tablette fond.*

Tu vois, conspirateur ! Elle fond, et à mesure que cette preuve disparaît, c'est un matin d'innocence qui se lève sur ton visage. L'admirable front pur que tu as, Cherea. Que c'est beau, un innocent, que c'est beau ! Admire ma puissance. Les dieux eux-mêmes ne peuvent pas rendre l'innocence sans auparavant punir. Et ton empereur n'a besoin que d'une flamme pour t'absoudre et t'encourager. Continue, Cherea, poursuis jusqu'au bout le magnifique raisonnement que tu m'as tenu. Ton empereur attend son repos. C'est sa manière à lui de vivre et d'être heureux.

> *Cherea regarde Caligula avec stupeur. Il a*
> *un geste à peine esquissé, semble comprendre,*
> *ouvre la bouche et part brusquement. Caligula*
> *continue de tenir la tablette dans la flamme*
> *et, souriant, suit Cherea du regard.*

Rideau

Acte IV

Scène 1

La scène est dans une demi-obscurité. Entrent Cherea et Scipion. Cherea va à droite, puis à gauche et revient vers Scipion.

SCIPION, *l'air fermé*: Que me veux-tu?

CHEREA: Le temps presse. Nous devons être fermes sur ce que nous allons faire.

SCIPION: Qui te dit que je ne suis pas ferme?

CHEREA: Tu n'es pas venu à notre réunion d'hier.

SCIPION, *se détournant*: C'est vrai, Cherea.

CHEREA: Scipion, je suis plus âgé que toi et je n'ai pas coutume de demander du secours. Mais il est vrai que j'ai besoin de toi. Ce meurtre demande des répondants qui soient respectables. Au milieu de ces vanités blessées et de ces ignobles peurs, il n'y a que toi et moi dont les raisons soient pures. Je sais que si tu nous abandonnes, tu ne trahiras rien. Mais cela est indifférent. Ce que je désire, c'est que tu restes avec nous.

SCIPION: Je te comprends. Mais je te jure que je ne le puis pas.

CHEREA: Es-tu donc avec lui?

SCIPION : Non. Mais je ne puis être contre lui. *(Un temps, puis sourdement.)* Si je le tuais, mon cœur du moins serait avec lui.

CHEREA : Il a pourtant tué ton père !

SCIPION : Oui, c'est là que tout commence. Mais c'est là aussi que tout finit.

CHEREA : Il nie ce que tu avoues. Il bafoue ce que tu vénères.

SCIPION : C'est vrai, Cherea. Mais quelque chose en moi lui ressemble pourtant. La même flamme nous brûle le cœur.

CHEREA : Il est des heures où il faut choisir. Moi, j'ai fait taire en moi ce qui pouvait lui ressembler.

SCIPION : Je ne puis pas choisir puisqu'en plus de ce que je souffre, je souffre aussi de ce qu'il souffre. Mon malheur est de tout comprendre.

CHEREA : Alors tu choisis de lui donner raison.

SCIPION, *dans un cri* : Oh ! je t'en prie, Cherea, personne, plus personne pour moi n'aura jamais raison !

Un temps, ils se regardent.

CHEREA, *avec émotion, s'avançant vers Scipion* : Sais-tu que je le hais plus encore pour ce qu'il a fait de toi ?

SCIPION : Oui, il m'a appris à tout exiger.

CHEREA : Non, Scipion, il t'a désespéré. Et désespérer une jeune âme est un crime qui passe tous ceux qu'il a commis jusqu'ici. Je te jure que cela suffirait pour que je le tue avec emportement.

Il se dirige vers la sortie. Entre Hélicon.

Scène 2

HÉLICON : Je te cherchais, Cherea. Caligula organise ici une petite réunion amicale. Il faut que tu l'attendes. *(Il se tourne vers Scipion.)* Mais on n'a pas besoin de toi, mon pigeon. Tu peux partir.

SCIPION, *au moment de sortir, se tourne vers Cherea* : Cherea !

CHEREA, *très doucement* : Oui, Scipion.

SCIPION : Essaie de comprendre.

CHEREA, *très doucement* : Non, Scipion.

Scipion et Hélicon sortent.

Scène 3

Bruits d'armes en coulisse. Deux gardes paraissent, à droite, conduisant le vieux patricien et le premier patricien, qui donnent toutes les marques de la frayeur.

PREMIER PATRICIEN, *au garde, d'une voix qu'il essaie de rendre ferme* : Mais enfin, que nous veut-on à cette heure de la nuit ?

LE GARDE : Assieds-toi là.

Il désigne les sièges à droite.

PREMIER PATRICIEN : S'il s'agit de nous faire mourir, comme les autres, il n'y a pas besoin de tant d'histoires.

LE GARDE : Assieds-toi là, vieux mulet.

LE VIEUX PATRICIEN : Asseyons-nous. Cet homme ne sait rien. C'est visible.

LE GARDE : Oui, ma jolie, c'est visible.

Il sort.

PREMIER PATRICIEN : Il fallait agir vite, je le savais. Maintenant, c'est la torture qui nous attend.

Scène 4

CHEREA, *calme et s'asseyant* : De quoi s'agit-il ?

PREMIER PATRICIEN ET LE VIEUX PATRICIEN, *ensemble* : La conjuration est découverte.

CHEREA : Ensuite ?

LE VIEUX PATRICIEN, *tremblant* : C'est la torture.

CHEREA, *impassible* : Je me souviens que Caligula a donné quatre-vingt-un mille sesterces à un esclave voleur que la torture n'avait pas fait avouer.

PREMIER PATRICIEN : Nous voilà bien avancés.

CHEREA : Non, mais c'est une preuve qu'il aime le courage. Et vous devriez en tenir compte. *(Au vieux patricien.)* Cela ne te ferait rien de ne pas claquer des dents ainsi ? J'ai ce bruit en horreur.

LE VIEUX PATRICIEN : C'est que…

PREMIER PATRICIEN : Assez d'histoires. C'est notre vie que nous jouons.

CHEREA, *sans broncher* : Connaissez-vous le mot favori de Caligula ?

LE VIEUX PATRICIEN, *prêt aux larmes* : Oui. Il le dit au bourreau : « Tue-le lentement pour qu'il se sente mourir. »

CHEREA : Non, c'est mieux. Après une exécution, il bâille et dit avec sérieux : « Ce que j'admire le plus, c'est mon insensibilité. »

PREMIER PATRICIEN : Vous entendez ?

Bruit d'armes.

CHEREA : Ce mot-là révèle un faible.

LE VIEUX PATRICIEN : Cela ne te ferait rien de ne pas faire de philosophie ? Je l'ai en horreur.

> *Entre, dans le fond, un esclave qui apporte des armes et les range sur un siège.*

CHEREA, *qui ne l'a pas vu* : Reconnaissons au moins que cet homme exerce une indéniable influence. Il force à penser. Il force tout le monde à penser. L'insécurité, voilà ce qui fait penser. Et c'est pourquoi tant de haines le poursuivent.

LE VIEUX PATRICIEN, *tremblant* : Regarde.

CHEREA, *apercevant les armes, sa voix change un peu* : Tu avais peut-être raison.

PREMIER PATRICIEN : Il fallait faire vite. Nous avons trop attendu.

CHEREA : Oui. C'est une leçon qui vient un peu tard.

LE VIEUX PATRICIEN : Mais c'est insensé. Je ne veux pas mourir.

> *Il se lève et veut s'échapper. Deux gardes surgissent et le maintiennent de force après l'avoir giflé. Le premier patricien s'écrase sur son siège. Cherea dit quelques mots qu'on n'entend pas. Soudain, une étrange musique aigre, sautillante, de sistres et de cymbales, éclate au fond. Les patriciens font silence et regardent. Caligula, en robe courte de danseuse, des fleurs sur la tête, paraît en ombre chinoise, derrière le rideau du fond, mime quelques gestes ridicules de danse et s'éclipse.*

Aussitôt après, un garde dit, d'une voix solennelle : « Le spectacle est terminé. » Pendant ce temps, Cæsonia est entrée silencieusement derrière les spectateurs. Elle parle d'une voix neutre qui les fait cependant sursauter.

Scène 5

CÆSONIA : Caligula m'a chargée de vous dire qu'il vous faisait appeler jusqu'ici pour les affaires de l'État, mais qu'aujourd'hui, il vous avait invités à communier avec lui dans une émotion artistique. *(Un temps ; puis de la même voix.)* Il a ajouté d'ailleurs que celui qui n'aurait pas communié aurait la tête tranchée.

Ils se taisent.

Je m'excuse d'insister. Mais je dois vous demander si vous avez trouvé que cette danse était belle.

PREMIER PATRICIEN, *après une hésitation* : Elle était belle, Cæsonia.

LE VIEUX PATRICIEN, *débordant de gratitude* : Oh ! oui, Cæsonia.

CÆSONIA : Et toi, Cherea ?

CHEREA, *froidement* : C'était du grand art.

CÆSONIA : Parfait, je vais donc pouvoir en informer Caligula.

Scène 6

Entre Hélicon.

HÉLICON : Dis-moi, Cherea, était-ce vraiment du grand art ?

CHEREA : Dans un sens, oui.

HÉLICON : Je comprends. Tu es très fort, Cherea. Faux comme un honnête homme. Mais fort, vraiment. Moi, je ne suis pas fort. Et pourtant, je ne vous laisserai pas toucher à Caïus, même si c'est là ce que lui-même désire.

CHEREA : Je n'entends rien à ce discours. Mais je te félicite pour ton dévouement. J'aime les bons domestiques.

HÉLICON : Te voilà bien fier, hein ? Oui, je sers un fou. Mais toi, qui sers-tu ? La vertu ? Je vais te dire ce que j'en pense. Je suis né esclave. Alors, l'air de la vertu, honnête homme, je l'ai d'abord dansé sous le fouet. Caïus, lui, ne m'a pas fait de discours. Il m'a affranchi et pris dans son palais. C'est ainsi que j'ai pu vous regarder, vous les vertueux. Et j'ai vu que vous aviez sale mine et pauvre odeur, l'odeur fade de ceux qui n'ont jamais rien souffert ni risqué. J'ai vu les drapés nobles, mais l'usure au cœur, le visage avare, la main fuyante. Vous, des juges ? Vous qui tenez boutique de vertu, qui rêvez de sécurité comme la jeune fille rêve d'amour, qui allez pourtant mourir dans l'effroi sans même savoir que vous avez menti toute votre vie, vous vous mêleriez de juger celui qui a souffert sans compter, et qui saigne tous les jours de mille nouvelles blessures ? Vous me frapperez avant, sois-en sûr ! Méprise l'esclave, Cherea ! Il est au-dessus de ta vertu puisqu'il peut encore aimer ce maître misérable qu'il défendra contre vos nobles mensonges, vos bouches parjures...

CHEREA : Cher Hélicon, tu te laisses aller à l'éloquence. Franchement, tu avais le goût meilleur, autrefois.

HÉLICON : Désolé, vraiment. Voilà ce que c'est que de trop vous fréquenter. Les vieux époux ont le même nombre de poils dans les oreilles tant ils finissent par se ressembler. Mais je me reprends, ne crains rien, je me reprends. Simplement ceci... Regarde, tu vois ce visage ? Bon. Regarde-le bien. Parfait. Maintenant, tu as vu ton ennemi.

Il sort.

Scène 7

CHEREA : Et maintenant, il faut faire vite. Restez là tous les deux. Nous serons ce soir une centaine.

Il sort.

LE VIEUX PATRICIEN : Restez là, restez là ! Je voudrais bien partir, moi. *(Il renifle.)* Ça sent le mort, ici.

PREMIER PATRICIEN : Ou le mensonge. *(Tristement.)* J'ai dit que cette danse était belle.

LE VIEUX PATRICIEN, *conciliant* : Elle l'était dans un sens. Elle l'était.

> *Entrent en coup de vent plusieurs patriciens et chevaliers.*

Scène 8

DEUXIÈME PATRICIEN : Qu'y a-t-il ? Le savez-vous ? L'empereur nous fait appeler.

LE VIEUX PATRICIEN, *distrait* : C'est peut-être pour la danse.

DEUXIÈME PATRICIEN : Quelle danse ?

LE VIEUX PATRICIEN : Oui, enfin, l'émotion artistique.

TROISIÈME PATRICIEN : On m'a dit que Caligula était très malade.

PREMIER PATRICIEN : Il l'est.

TROISIÈME PATRICIEN : Qu'a-t-il donc ? *(Avec ravissement.)* Par tous les dieux, va-t-il mourir ?

PREMIER PATRICIEN : Je ne crois pas. Sa maladie n'est mortelle que pour les autres.

LE VIEUX PATRICIEN : Si nous osons dire.

DEUXIÈME PATRICIEN : Je te comprends. Mais n'a-t-il pas quelque maladie moins grave et plus avantageuse pour nous ?

PREMIER PATRICIEN : Non, cette maladie-là ne souffre pas la concurrence. Vous permettez, je dois voir Cherea.

Il sort. Entre Cæsonia, petit silence.

Scène 9

CÆSONIA, *d'un air indifférent* : Caligula souffre de l'estomac. Il a vomi du sang.

Les patriciens accourent autour d'elle.

DEUXIÈME PATRICIEN : Oh ! dieux tout-puissants, je fais vœu, s'il se rétablit, de verser deux cent mille sesterces au trésor de l'État.

TROISIÈME PATRICIEN, *exagéré* : Jupiter, prends ma vie en échange de la sienne.

Caligula est entré depuis un moment. Il écoute.

CALIGULA, *s'avançant vers le deuxième patricien*: J'accepte ton offrande, Mucius, je te remercie. Mon trésorier se présentera demain chez toi. *(Il va vers le troisième patricien et l'embrasse.)* Tu ne peux savoir comme je suis ému. *(Un silence et tendrement.)* Tu m'aimes donc?

TROISIÈME PATRICIEN, *pénétré*: Ah! César, il n'est rien que, pour toi, je ne donnerais sur l'heure.

CALIGULA, *l'embrassant encore*: Ah! ceci est trop, Cassius, et je n'ai pas mérité tant d'amour. *(Cassius fait un geste de protestation.)* Non, non, te dis-je. J'en suis indigne. *(Il appelle deux gardes.)* Emmenez-le. *(À Cassius, doucement.)* Va, ami. Et souviens-toi que Caligula t'a donné son cœur.

TROISIÈME PATRICIEN, *vaguement inquiet*: Mais où m'emmènent-ils?

CALIGULA: À la mort, voyons. Tu as donné ta vie pour la mienne. Moi, je me sens mieux maintenant. je n'ai même plus cet affreux goût de sang dans la bouche. Tu m'as guéri. Es-tu heureux, Cassius, de pouvoir donner ta vie pour un autre, quand cet autre s'appelle Caligula? Me voilà prêt de nouveau pour toutes les fêtes.

> *On entraîne le troisième patricien qui résiste et hurle.*

TROISIÈME PATRICIEN: Je ne veux pas. Mais c'est une plaisanterie.

CALIGULA, *rêveur, entre les hurlements*: Bientôt, les routes sur la mer seront couvertes de mimosas. Les femmes auront des robes d'étoffe légère. Un grand ciel frais et battant, Cassius! Les sourires de la vie!

> *Cassius est prêt à sortir. Cæsonia le pousse doucement.*
> *Se retournant, soudain sérieux.*

La vie, mon ami, si tu l'avais assez aimée, tu ne l'aurais pas jouée avec tant d'imprudence.

> *On entraîne Cassius.*
> *Revenant vers la table.*

Et quand on a perdu, il faut toujours payer. *(Un temps.)* Viens, Cæsonia. *(Il se tourne vers les autres.)* À propos, il m'est venu une belle pensée que je veux partager avec vous. Mon règne jusqu'ici a été trop heureux. Ni peste universelle, ni religion cruelle, pas même un coup d'État, bref, rien qui puisse vous faire passer à la postérité. C'est un peu pour cela, voyez-vous, que j'essaie de compenser la prudence du destin. Je veux dire… je ne sais si vous m'avez compris *(avec un petit rire)*, enfin, c'est moi qui remplace la peste. *(Changeant de ton.)* Mais, taisez-vous. Voici Cherea. C'est à toi, Cæsonia.

> *Il sort. Entrent Cherea et le premier patricien.*

Scène 10

> *Cæsonia va vivement au-devant de Cherea.*

CÆSONIA : Caligula est mort.

> *Elle se détourne, comme si elle pleurait, et fixe les autres qui se taisent. Tout le monde a l'air consterné, mais pour des raisons différentes.*

PREMIER PATRICIEN : Tu… tu es sûre de ce malheur ? Ce n'est pas possible, il a dansé tout à l'heure.

CÆSONIA : Justement. Cet effort l'a achevé.

> *Cherea va rapidement de l'un à l'autre, et*
> *se retourne vers Cæsonia. Tout le monde garde*
> *le silence.*
> *Lentement.*

Tu ne dis rien, Cherea.

CHEREA, *aussi lentement* : C'est un grand malheur, Cæsonia.

> *Caligula entre brutalement et va vers*
> *Cherea.*

CALIGULA : Bien joué, Cherea. *(Il fait un tour sur lui-même et regarde les autres. Avec humeur.)* Eh bien ! c'est raté. *(À Cæsonia.)* N'oublie pas ce que je t'ai dit.

Il sort.

Scène 11

> *Cæsonia le regarde partir en silence.*

LE VIEUX PATRICIEN, *soutenu par un espoir infatigable* : Serait-il malade, Cæsonia ?

CÆSONIA, *le regardant avec haine* : Non, ma jolie, mais ce que tu ignores, c'est que cet homme dort deux heures toutes les nuits et le reste du temps, incapable de reposer, erre dans les galeries de son palais. Ce que tu ignores, ce que tu ne t'es jamais demandé, c'est à quoi pense cet être pendant les heures mortelles qui vont du milieu de la nuit au retour du soleil. Malade ? Non, il ne l'est pas. À moins que tu n'inventes un nom et des médicaments pour les ulcères dont son âme est couverte.

CHEREA, *qu'on dirait touché* : Tu as raison, Cæsonia. Nous n'ignorons pas que Caïus...

CÆSONIA, *plus vite*: Non, vous ne l'ignorez pas. Mais comme tous ceux qui n'ont point d'âme, vous ne pouvez supporter ceux qui en ont trop. Trop d'âme! Voilà qui est gênant, n'est-ce pas? Alors, on appelle cela maladie: les cuistres sont justifiés et contents. *(D'un autre ton.)* Est-ce que tu as jamais su aimer, Cherea?

CHEREA, *de nouveau lui-même*: Nous sommes maintenant trop vieux pour apprendre à le faire, Cæsonia. Et d'ailleurs, il n'est pas sûr que Caligula nous en laissera le temps.

CÆSONIA, *qui s'est reprise*: Il est vrai. *(Elle s'assied.)* Et j'allais oublier les recommandations de Caligula. Vous savez qu'aujourd'hui est un jour consacré à l'art.

LE VIEUX PATRICIEN: D'après le calendrier?

CÆSONIA: Non, d'après Caligula. Il a convoqué quelques poètes. Il leur proposera une composition improvisée sur un sujet donné. Il désire que ceux d'entre vous qui sont poètes y concourent expressément. Il a désigné en particulier le jeune Scipion et Metellus.

METELLUS: Mais nous ne sommes pas prêts.

CÆSONIA, *comme si elle n'avait pas entendu, d'une voix neutre*: Naturellement, il y aura des récompenses. Il y a aussi des punitions. *(Petit recul des autres.)* Je puis vous dire, en confidence, qu'elles ne sont pas très graves.

> *Entre Caligula. Il est plus sombre que jamais.*

Scène 12

CALIGULA: Tout est prêt?

CÆSONIA: Tout. *(À un garde.)* Faites entrer les poètes.

> *Entrent, deux par deux, une douzaine de poètes qui descendent à droite au pas cadencé.*

CALIGULA : Et les autres ?

CÆSONIA : Scipion et Metellus !

> *Tous deux se joignent aux poètes. Caligula s'assied dans le fond, à gauche, avec Cæsonia et le reste des patriciens. Petit silence.*

CALIGULA : Sujet : la mort. Délai : une minute.

> *Les poètes écrivent précipitamment sur leurs tablettes.*

LE VIEUX PATRICIEN : Qui sera le jury ?

CALIGULA : Moi. Cela n'est pas suffisant ?

LE VIEUX PATRICIEN : Oh ! oui. Tout à fait suffisant.

CHEREA : Est-ce que tu participes au concours, Caïus ?

CALIGULA : C'est inutile. Il y a longtemps que j'ai fait ma composition sur ce sujet.

LE VIEUX PATRICIEN, *empressé* : Où peut-on se la procurer ?

CALIGULA : À ma façon, je la récite tous les jours.

> *Cæsonia le regarde, angoissée.*

CALIGULA, *brutalement* : Ma figure te déplaît ?

CÆSONIA, *doucement* : Je te demande pardon.

CALIGULA : Ah ! je t'en prie, pas d'humilité. Surtout pas d'humilité. Toi, tu es déjà difficile à supporter, mais ton humilité !

> *Cæsonia remonte lentement...*
> *À Cherea.*

Je continue. C'est l'unique composition que j'aie faite.

Mais aussi, elle donne la preuve que je suis le seul artiste que Rome ait connu, le seul, tu entends, Cherea, qui mette en accord sa pensée et ses actes.

CHEREA : C'est seulement une question de pouvoir.

CALIGULA : En effet. Les autres créent par défaut de pouvoir. Moi, je n'ai pas besoin d'une œuvre : je vis. *(Brutalement.)* Alors, vous autres, vous y êtes ?

METELLUS : Nous y sommes, je crois.

TOUS : Oui.

CALIGULA : Bon, écoutez-moi bien. Vous allez quitter vos rangs. Je sifflerai. Le premier commencera sa lecture. À mon coup de sifflet, il doit s'arrêter et le second commencer. Et ainsi de suite. Le vainqueur, naturellement, sera celui dont la composition n'aura pas été interrompue par le sifflet. Préparez-vous. *(Il se tourne vers Cherea et, confidentiel.)* Il faut de l'organisation en tout, même en art.

Coup de sifflet.

PREMIER POÈTE : Mort, quand par-delà les rives noires…

Sifflet. Le poète descend à gauche. Les autres feront de même. Scène mécanique.

DEUXIÈME POÈTE : Les Trois Parques en leur antre…

Sifflet.

TROISIÈME POÈTE : Je t'appelle, ô mort…

Sifflet rageur.
Le quatrième poète s'avance et prend une pose déclamatoire. Le sifflet retentit avant qu'il ait parlé.

CINQUIÈME POÈTE : Lorsque j'étais petit enfant…

CALIGULA, *hurlant*: Non! mais quel rapport l'enfance d'un imbécile peut-elle avoir avec le sujet? Veux-tu me dire où est le rapport?

CINQUIÈME POÈTE: Mais, Caïus, je n'ai pas fini...

> *Sifflet strident.*

SIXIÈME POÈTE, *il avance, s'éclaircissant la voix*: Inexorable, elle chemine...

> *Sifflet.*

SEPTIÈME POÈTE, *mystérieux*: Absconse et diffuse oraison...

> *Sifflet entrecoupé.*
> *Scipion s'avance sans tablettes.*

CALIGULA: À toi, Scipion. Tu n'as pas de tablettes?

SCIPION: Je n'en ai pas besoin.

CALIGULA: Voyons.

> *Il mâchonne son sifflet.*

SCIPION, *très près de Caligula, sans le regarder et avec une sorte de lassitude*: «Chasse au bonheur qui fait les êtres purs,

Ciel où le soleil ruisselle,

Fêtes uniques et sauvages, mon délire sans espoir!...»

CALIGULA, *doucement*: Arrête, veux-tu? (*À Scipion.*) Tu es bien jeune pour connaître les vraies leçons de la mort.

SCIPION, *fixant Caligula*: J'étais bien jeune pour perdre mon père.

CALIGULA, *se détournant brusquement*: Allons, vous autres, formez vos rangs. Un faux poète est une punition trop dure pour mon goût. Je méditais jusqu'ici de vous garder comme alliés et j'imaginais parfois que vous formeriez le dernier carré de mes défenseurs. Mais cela est vain, et je vais vous rejeter parmi mes ennemis. Les poètes sont contre moi, je puis dire que c'est la fin. Sortez en bon ordre ! Vous allez défiler devant moi en léchant vos tablettes pour y effacer les traces de vos infamies. Attention ! En avant !

> *Coups de sifflet rythmés. Les poètes, marchant au pas, sortent, par la droite, en léchant leurs immortelles tablettes.*
> *Très bas.*

Et sortez tous.

> *À la porte, Cherea retient le premier patricien par l'épaule.*

CHEREA : Le moment est venu.

> *Le jeune Scipion, qui a entendu, hésite sur le pas de la porte et va vers Caligula.*

CALIGULA, *méchamment* : Ne peux-tu me laisser en paix, comme le fait maintenant ton père ?

Scène 13

SCIPION : Allons, Caïus, tout cela est inutile. Je sais déjà que tu as choisi.

CALIGULA : Laisse-moi.

SCIPION : Je vais te laisser, en effet, car je crois que je t'ai compris. Ni pour toi, ni pour moi, qui te ressemble tant, il n'y a plus d'issue. je vais partir très loin chercher les raisons de tout cela. *(Un temps, il regarde Caligula. Avec un grand accent.)* Adieu, cher Caïus. Quand tout sera fini, n'oublie pas que je t'ai aimé.

> *Il sort. Caligula le regarde. Il a un geste.*
> *Mais il se secoue brutalement et revient sur*
> *Cæsonia.*

CÆSONIA : Qu'a-t-il dit ?

CALIGULA : Cela dépasse ton entendement.

CÆSONIA : À quoi penses-tu ?

CALIGULA : À celui-ci. Et puis à toi aussi. Mais c'est la même chose.

CÆSONIA : Qu'y a-t-il ?

CALIGULA, *la regardant* : Scipion est parti. J'en ai fini avec l'amitié. Mais toi, je me demande pourquoi tu es encore là…

CÆSONIA : Parce que je te plais.

CALIGULA : Non. Si je te faisais tuer, je crois que je comprendrais.

CÆSONIA : Ce serait une solution. Fais-le donc. Mais ne peux-tu, au moins pour une minute, te laisser aller à vivre librement ?

CALIGULA : Cela fait déjà quelques années que je m'exerce à vivre librement.

CÆSONIA : Ce n'est pas ainsi que je l'entends. Comprends-moi bien. Cela peut être si bon de vivre et d'aimer dans la pureté de son cœur.

CALIGULA : Chacun gagne sa pureté comme il peut. Moi, c'est en poursuivant l'essentiel. Tout cela n'empêche pas d'ailleurs que je pourrais te faire tuer. *(Il rit.)* Ce serait le couronnement de ma carrière.

> *Caligula se lève et fait tourner le miroir*
> *sur lui-même. Il marche en rond, en laissant*
> *pendre ses bras, presque sans gestes, comme*
> *une bête.*

C'est drôle. Quand je ne tue pas, je me sens seul. Les vivants ne suffisent pas à peupler l'univers et à chasser l'ennui. Quand vous êtes tous là, vous me faites sentir un vide sans mesure où je ne peux regarder. Je ne suis bien que parmi mes morts. *(Il se campe face au public, un peu penché en avant, il a oublié Cæsonia.)* Eux sont vrais. Ils sont comme moi. Ils m'attendent et me pressent. *(Il hoche la tête.)* J'ai de longs dialogues avec tel ou tel qui cria vers moi pour être gracié et à qui je fis couper la langue.

CÆSONIA : Viens. Étends-toi près de moi. Mets ta tête sur mes genoux. *(Caligula obéit.)* Tu es bien. Tout se tait.

CALIGULA : Tout se tait. Tu exagères. N'entends-tu pas ces cliquetis de fers ? *(On les entend.)* Ne perçois-tu pas ces mille petites rumeurs qui révèlent la haine aux aguets ?

Rumeurs.

CÆSONIA : Personne n'oserait…

CALIGULA : Si, la bêtise.

CÆSONIA : Elle ne tue pas. Elle rend sage.

CALIGULA : Elle est meurtrière, Cæsonia. Elle est meurtrière lorsqu'elle se juge offensée. Oh ! ce ne sont pas ceux dont j'ai tué les fils ou le père qui m'assassineront. Ceux-là ont compris. Ils sont avec moi, ils ont le même goût dans la bouche. Mais les autres, ceux que j'ai moqués et ridiculisés, je suis sans défense contre leur vanité.

CÆSONIA, *avec véhémence* : Nous te défendrons, nous sommes encore nombreux à t'aimer.

CALIGULA : Vous êtes de moins en moins nombreux. J'ai fait ce qu'il fallait pour cela. Et puis, soyons justes, je n'ai pas seulement la bêtise contre moi, j'ai aussi la loyauté et le courage de ceux qui veulent être heureux.

CÆSONIA, *même jeu* : Non, ils ne te tueront pas. Ou

alors quelque chose, venu du ciel, les consumerait avant qu'ils t'aient touché.

CALIGULA : Du ciel ! Il n'y a pas de ciel, pauvre femme. *(Il s'assied.)* Mais pourquoi tant d'amour, tout d'un coup, ce n'est pas dans nos conventions ?

CÆSONIA, *qui s'est levée et marche* : Ce n'est donc pas assez de te voir tuer les autres qu'il faille encore savoir que tu seras tué ? Ce n'est pas assez de te recevoir cruel et déchiré, de sentir ton odeur de meurtre quand tu te places sur mon ventre ! Tous les jours, je vois mourir un peu plus en toi ce qui a figure d'homme. *(Elle se tourne vers lui.)* Je suis vieille et près d'être laide, je le sais. Mais le souci que j'ai de toi m'a fait maintenant une telle âme qu'il n'importe plus que tu ne m'aimes pas. Je voudrais seulement te voir guérir, toi qui es encore un enfant. Toute une vie devant toi ! Et que demandes-tu donc qui soit plus grand que toute une vie ?

CALIGULA, *se lève et il la regarde* : Voici déjà bien longtemps que tu es là.

CÆSONIA : C'est vrai. Mais tu vas me garder, n'est-ce pas ?

CALIGULA : Je ne sais pas. Je sais seulement pourquoi tu es là : pour toutes ces nuits où le plaisir était aigu et sans joie, et pour tout ce que tu connais de moi.

> *Il la prend dans ses bras et, de la main, lui renverse un peu la tête.*

J'ai vingt-neuf ans. C'est peu. Mais à cette heure où ma vie m'apparaît cependant si longue, si chargée de dépouilles, si accomplie enfin, tu restes le dernier témoin. Et je ne peux me défendre d'une sorte de tendresse honteuse pour la vieille femme que tu vas être.

CÆSONIA : Dis-moi que tu veux me garder !

CALIGULA : Je ne sais pas. J'ai conscience seulement, et c'est le plus terrible, que cette tendresse honteuse est le seul sentiment pur que ma vie m'ait jusqu'ici donné.

> *Cæsonia se retire de ses bras, Caligula la*
> *suit. Elle colle son dos contre lui, il l'enlace.*

Ne vaudrait-il pas mieux que le dernier témoin disparaisse ?

CÆSONIA : Cela n'a pas d'importance. je suis heureuse de ce que tu m'as dit. Mais pourquoi ne puis-je pas partager ce bonheur avec toi ?

CALIGULA : Qui te dit que je ne suis pas heureux ?

CÆSONIA : Le bonheur est généreux. Il ne vit pas de destructions.

CALIGULA : Alors, c'est qu'il est deux sortes de bonheurs et j'ai choisi celui des meurtriers. Car je suis heureux. Il y a eu un temps où je croyais avoir atteint l'extrémité de la douleur. Eh bien ! non, on peut encore aller plus loin. Au bout de cette contrée, c'est un bonheur stérile et magnifique. Regarde-moi.

> *Elle se tourne vers lui.*

Je ris, Cæsonia, quand je pense que, pendant des années, Rome tout entière a évité de prononcer le nom de Drusilla. Car Rome s'est trompée pendant des années. L'amour ne m'est pas suffisant, c'est cela que j'ai compris alors. C'est cela que je comprends aujourd'hui encore en te regardant. Aimer un être, c'est accepter de vieillir avec lui. Je ne suis pas capable de cet amour. Drusilla vieille, c'était bien pis que Drusilla morte. On croit qu'un homme souffre parce que l'être qu'il aime meurt en un jour. Mais sa vraie souffrance est moins futile : c'est de s'apercevoir que le chagrin non plus ne dure pas. Même la douleur est privée de sens.

Tu vois, je n'avais pas d'excuses, pas même l'ombre d'un amour, ni l'amertume de la mélancolie. Je suis sans alibi. Mais aujourd'hui, me voilà encore plus libre qu'il y a des années, libéré que je suis du souvenir et de l'illusion. *(Il rit d'une façon passionnée.)* Je sais que rien ne dure ! Savoir cela ! Nous sommes deux ou trois dans l'histoire à en avoir fait vraiment l'expérience, accompli ce bonheur dément. Cæsonia, tu as suivi jusqu'au bout une bien curieuse tragédie. Il est temps que pour toi le rideau se baisse.

> *Il passe à nouveau derrière elle et passe son avant-bras autour du cou de Cæsonia.*

CÆSONIA, *avec effroi* : Est-ce donc du bonheur, cette liberté épouvantable ?

CALIGULA, *écrasant peu à peu de son bras la gorge de Cæsonia* : Sois-en sûre, Cæsonia. Sans elle, j'eusse été un homme satisfait. Grâce à elle, j'ai conquis la divine clair-voyance du solitaire. *(Il s'exalte de plus en plus, étranglant peu à peu Cæsonia qui se laisse aller sans résistance, les mains un peu offertes en avant. Il lui parle, penché sur son oreille.)* Je vis, je tue, j'exerce le pouvoir délirant du destructeur, auprès de quoi celui du créateur paraît une singerie. C'est cela, être heureux. C'est cela le bonheur, cette insupportable délivrance, cet universel mépris, le sang, la haine autour de moi, cet isolement non pareil de l'homme qui tient toute sa vie sous son regard, la joie démesurée de l'assassin impuni, cette logique implacable qui broie des vies humaines *(il rit)*, qui te broie, Cæsonia, pour parfaire enfin la solitude éternelle que je désire.

CÆSONIA, *se débattant faiblement* : Caïus !

CALIGULA, *de plus en plus exalté* : Non, pas de tendresse. Il faut en finir, car le temps presse. Le temps presse, chère Cæsonia !

Cæsonia râle. Caligula la traîne sur le lit où
il la laisse tomber.
La regardant d'un air égaré, d'une voix
rauque.

Et toi aussi, tu étais coupable. Mais tuer n'est pas la solution.

Scène 14

Il tourne sur lui-même, hagard, va vers le miroir.

CALIGULA : Caligula ! Toi aussi, toi aussi, tu es coupable. Alors, n'est-ce pas, un peu plus, un peu moins ! Mais qui oserait me condamner dans ce monde sans juge, où personne n'est innocent ! *(Avec tout l'accent de la détresse, se pressant contre le miroir.)* Tu le vois bien, Hélicon n'est pas venu. je n'aurai pas la lune. Mais qu'il est amer d'avoir raison et de devoir aller jusqu'à la consommation. Car j'ai peur de la consommation. Des bruits d'armes ! C'est l'innocence qui prépare son triomphe. Que ne suis-je à leur place ! J'ai peur. Quel dégoût, après avoir méprisé les autres, de se sentir la même lâcheté dans l'âme. Mais cela ne fait rien. La peur non plus ne dure pas. Je vais retrouver ce grand vide où le cœur s'apaise.

Il recule un peu, revient vers le miroir. Il
semble plus calme. Il recommence à parler,
mais d'une voix plus basse et plus concentrée.

Tout a l'air si compliqué. Tout est si simple pourtant. Si j'avais eu la lune, si l'amour suffisait, tout serait changé. Mais où étancher cette soif ? Quel cœur, quel dieu auraient pour moi la profondeur d'un lac ? *(S'agenouillant et pleurant.)* Rien dans ce monde, ni dans l'autre, qui soit à ma mesure. Je sais pourtant, et tu le sais aussi *(il tend les mains vers le miroir en pleurant)*, qu'il suffirait que l'impossible soit. L'impossible ! je l'ai cherché aux limites du monde, aux confins de moi-même. J'ai tendu mes mains *(criant)*, je tends mes mains et c'est toi que je rencontre, toujours toi en face de moi, et je suis pour toi plein de haine. Je n'ai pas pris la voie qu'il fallait, je n'aboutis à rien. Ma liberté n'est pas la bonne. Hélicon ! Hélicon ! Rien ! rien encore. Oh ! cette nuit est lourde ! Hélicon ne viendra pas : nous serons coupables à jamais ! Cette nuit est lourde comme la douleur humaine.

> *Des bruits d'armes et des chuchotements s'entendent en coulisse.*

HÉLICON, *surgissant au fond* : Garde-toi, Caïus ! Garde-toi !

> *Une main invisible poignarde Hélicon.*
> *Caligula se relève, prend un siège bas dans la main et approche du miroir en soufflant. Il s'observe, simule un bond en avant et, devant le mouvement symétrique de son double dans la glace, lance son siège à toute volée en hurlant :*

CALIGULA : À l'histoire, Caligula, à l'histoire.

> *Le miroir se brise et, dans le même moment, par toutes les issues, entrent les conjurés en armes. Caligula leur fait face, avec un rire fou. Le vieux patricien le frappe dans le dos, Cherea en pleine figure. Le rire de Caligula se transforme en hoquets. Tous frappent. Dans un dernier hoquet, Caligula, riant et râlant, hurle :*

Je suis encore vivant !

Rideau

Du tableau

au texte

Bertrand Leclair

Du tableau au texte

Le Cicérone
de René Magritte

… la lune est, plus que sa lumière, son rêve ou sa compagne…

Ne le dirait-on pas bouche bée de mélancolie devant une beauté absurde à force de demeurer inatteignable, le Cicérone lunaire de René Magritte ? Dans une solitude de pierres parfaitement alignées, la lune est, plus que sa lumière, son rêve ou sa compagne, la seule, sans doute.

Le Cicérone — du nom ironique donné aux guides italiens forts de leur capacité d'élocution —, tel est en effet le titre de cette étrange représentation de ce qui n'a jamais été présent au monde, mais n'en provoque pas moins une immédiate reconnaissance chez le spectateur ; représentation d'un objet inconnu et statique, mais doublement humanisé : par la toge qu'il porte, par la main humaine qui en sort, tenant une petite feuille aussi fragile que la raison, peut-être, sous l'éclairage d'un mince croissant de lune. Ce personnage chimérique nous paraît ici silencieux, discret et bienveillant, ce qui n'est pas toujours le cas dans d'autres toiles du peintre. René Magritte (1898-1967) a en effet représenté à de nombreuses reprises cet homme-amphore durant les deux dernières décennies de son existence. S'il porte toujours sa toge — trouvaille du peintre qui lui permet de l'humaniser en séparant la main du torse —, dans plusieurs des toiles où il revient, notre Cicérone crache le feu comme un incendie de paroles lorsqu'il est en plein soleil ; d'autres fois, l'on peut dire que, malgré sa bouche de canon, il paraît juste cruche d'être au monde sans raison de s'y trouver.

Caligula lui aussi est placé sous le signe de la lune. Dès le premier acte, l'empereur qui devrait viser à la lumière directe du soleil veut la lune au contraire, comme il l'affirme au très solaire Hélicon : « Maintenant, je sais. Ce monde, tel qu'il est fait, n'est pas supportable. J'ai donc besoin de la lune, ou du bonheur, ou de l'immortalité, de quelque chose qui soit dément peut-être, mais qui ne soit pas de ce monde. » Symbole féminin du changement et du passage (elle disparaît pour revenir), la lune, figure de bonne ou de mauvaise mère aussi bien, est d'autant plus insaisissable que la lumière douce qu'elle nous procure ne lui est pas propre, n'étant qu'un reflet de la lumière du soleil. Elle devient ici l'autre nom de l'impossible, jusqu'au très beau passage du troisième acte qui se conclut sur la même demande réitérée : « Je veux seulement la lune, Hélicon. Je sais d'avance ce qui me tuera. Je n'ai pas encore épuisé tout ce qui peut me faire vivre. C'est pourquoi je veux la lune. Et tu ne reparaîtras pas ici avant de me l'avoir procurée. »

... coupables de ne pas se révolter contre l'impossibilité d'atteindre au bonheur...

De la pièce, on pourrait dire qu'elle est tout entière la course à la lune d'un homme en quête de sens parce qu'il l'a perdu, ou, plus exactement, qu'il a perdu les œillères communes qui le protégeaient du constat effrayant que la vie humaine n'est rien. Si l'on peut entendre ce mot de sens dans toute sa polysémie, il convient surtout d'entendre que Caligula habite avant d'y régner un monde absurde, où la vie, et donc la mort, ne représentent rien, partant, ne valent rien. Il détient tous les pouvoirs, dans son palais ordonné, rêvant bouche bée à la lune entre deux massacres d'innocents qui ne le sont pas, innocents, puisqu'ils sont les sujets de Caligula, tous coupables de ne pas se révolter contre l'impossibilité d'atteindre au bonheur. Empereur ou non, sa toge pourtant ne peut pas le délivrer de la prison de la matière, de l'absurdité de la matière dont rien ne peut libérer l'homme.

Précisons que, pleine et écrasante ou simple croissant bienveillant, la lune a toujours été très présente dans l'œuvre de Magritte. Elle désigne une mélancolie que ne dissimulent pas toujours l'humour et le goût du peintre pour le jeu ; souvent le sourire qu'il génère laisse deviner une tristesse intellectuelle, un combat permanent contre le sentiment de l'absurdité de la vie et du monde. Tout en se gardant des explications grossières ou trop rapides, il est difficile de ne pas rattacher cette dimension de l'œuvre à la biographie du peintre. Né en 1898 à Lessines, dans le Hainaut (Belgique), il a connu une enfance difficile, plusieurs fois bouleversée par les déboires économiques de ses parents, de petits commerçants, et une adolescence tragique : sa mère en vint à se donner la mort, se jetant dans la Sambre en 1912, alors que René, l'aîné de ses trois enfants, n'avait que quatorze ans. Le jeune homme découvrit la peinture deux ans plus tard, et bientôt les avant-gardes révoltées de l'immédiat après-guerre, au sortir désespéré de la grande boucherie qu'avait été la guerre de 1914-1918. Une façon de se sauver, à l'issue d'une adolescence à la lumière crépusculaire, et de tenter de s'en libérer. « Mes tableaux, disait-il, sont des images. La description valable d'une image ne peut être faite sans l'orientation de la pensée vers sa liberté. » On peut le dire autrement, à la manière du critique Jacques Dopagne : « Et si les métaphores, les métamorphoses, les défis aux lois de l'Espace, et toutes les distorsions qui en découlent, atteignent, en se multipliant, à un véritable délire à froid, c'est que la raison, chez Magritte, ne parvient pas à accepter le mystère du monde », un mystère stupéfiant de cruauté.

… Caligula récuse les évidences qui nous gouvernent…

D'une manière certes différente de Camus, Magritte s'est confronté de mille manières à l'absurde, et d'abord à la dimension absurde de nos conventions, des évidences que nous habitons sans plus jamais les interroger — quand ce que nous nommons l'évidence est une question majeure du peintre, dans sa volonté de toujours arracher du regard la taie des conventions. C'est qu'au quotidien le tissu des évidences communes nous aveugle, très littéralement, si l'on veut bien se souvenir de l'origine étymologique du mot. Le « é » privatif s'ajoute

à la racine latine *videre*, « voir » : est une « évidence » ce
que l'on n'a pas même besoin de voir pour estimer vrai,
ce que l'on n'a pas besoin de vérifier. Caligula, lui aussi,
récuse les évidences qui nous gouvernent et que tous
voudraient parvenir à lui rappeler, quand il refuse de voir
le monde comme le sens commun nous apprend qu'il
convient de le voir.

Pour autant, il peut sembler paradoxal d'associer un
peintre historiquement lié au surréalisme, et entraînant
souvent le spectateur au sourire, à l'œuvre théâtrale
d'Albert Camus. Mais, outre le fait que René Magritte,
pour avoir beaucoup fréquenté les surréalistes, a souvent
été considéré par ces derniers comme menant « une
démarche à contre-courant des "recherches plastiques"
actuelles », ainsi que le notait André Breton lui-même
dans un article par ailleurs élogieux, les œuvres de
Magritte et de Camus partagent une donnée essentielle :
le primat accordé à la pensée. Ce n'est pas que ces
œuvres soient réductibles aux idées qui les animent,
puisqu'elles ne visent pas à illustrer une pensée mais
à la déployer ; c'est plutôt qu'elles veulent montrer la
pensée en acte, afin de dépasser le cadre strict de
son exposition intellectuelle pour y laisser venir la part
d'ombre inhérente à tout raisonnement intellectuel (la
part lunaire, insaisissable, évanescente aussitôt que dite).

Sans craindre les raccourcis abrupts, l'on pourrait dire
que Magritte, qui fut sa vie durant féru de philosophie
et de linguistique, est un philosophe qui a choisi la
peinture pour s'exprimer, de la même manière qu'ici
Camus écrit en philosophe de l'impossible une tragédie
susceptible de dépasser la philosophie. Cela n'empêche
évidemment pas, faut-il le préciser, ni le premier d'avoir
une réelle puissance de peintre ni le second d'atteindre
à la poésie, cœur battant de *Caligula*. Mais, de même

que la poésie n'est pas la raison d'être de *Caligula*, toute
l'œuvre de Magritte a ceci de très particulier dans l'histoire de la peinture moderne qu'elle ne cherche pas à
renouveler la matière même de la représentation, mais
à la décaler, à la déstabiliser, pour dévoiler une réalité
seconde. Sa manière, à laquelle on serait tenté d'ap-
pliquer le qualificatif de «léchée», est restée somme toute
celle que lui ont enseignée ses maîtres de l'Académie
des beaux-arts de Bruxelles, et si ses associations d'objets
disparates nous déroutent, ces objets eux-mêmes, pris
isolément, sont peints toujours dans le respect fidèle et
même scrupuleux des apparences. Ce sont les rapports
entre ces objets qu'il travaille, met en jeu, bouleverse,
s'amuse à distendre jusqu'à l'absurde, qu'il s'agisse de
rapports de grandeur, de cause à effet ou encore de
position (des objets usuels qui ne sont jamais proches
dans la réalité).

On pourrait presque parler de figures de style, ou de
rhétorique. Il est d'ailleurs intéressant de relever comment
Magritte disait sa dette à Giorgio De Chirico et le choc
que fut pour lui sa première confrontation au peintre
italien, devant *Le Chant d'amour*: «Mes yeux ont vu la
pensée pour la première fois», écrivit-il, lui qui disait
encore que l'art de ce peintre n'est rien d'autre que «la
description d'une pensée absolue, c'est-à-dire une pensée
dont le sens demeure inconnaissable tout autant que
celui du Monde».

*... ses toiles aux allures de court-circuit de la pensée
ordonnée et ordinaire...*

L'art de Magritte, de fait, est d'abord un art du paradoxe et même du paradoxal, au sens fort et littéral du

mot. Paradoxe est un mot construit sur le préfixe *para*, qui signifie « à côté », d'où le sens de « contre », et sur le terme *doxa*, qui désigne l'opinion. Comme l'on parle du « paranormal » (ce qui n'est pas explicable par les données et les lois normales), il faudrait ici peindre le « paradoxal » : ce qui échappe aux représentations communes, au « lieu commun » de la pensée partagée par le plus grand nombre dans un temps et un lieu donnés. C'est à cela que vise Magritte ; il met en jeu tous les procédés du paradoxe dans l'espoir d'atteindre à ce sens du monde qui « demeure inconnaissable ». Et c'est là sans doute le choc que nous éprouvons devant ses toiles aux allures de court-circuit de la pensée ordonnée et ordinaire, celle que nous habitons au quotidien. C'est bien parce que le sens nous échappe que le monde lui-même est un paradoxe, au sens cette fois que les logiciens confèrent au terme : une « assertion aussi indubitablement juste qu'elle est fausse ou du moins invérifiable ».

Encore faut-il préciser que, de tous temps, la parabole a eu cette fonction : transmettre sans le menacer, c'est-à-dire en le laissant jouer sous les mots prononcés, le sens toujours caché de l'existence. En ce sens, la peinture de Magritte nous parle autant qu'elle nous donne à voir ; elle nous parle pour véhiculer sous la parole un sens caché, ce que l'on éprouve sans pour autant pouvoir le nommer. D'ailleurs, de nombreux tableaux, parmi les plus connus de Magritte, jouent avec les mots, non seulement *via* le titre qui leur donne leur sens autant que l'image elle-même, mais également jusque dans le tableau dont ils sont partie prenante, comme c'est le cas dans le célèbre *La Trahison des images* (1928) : il représente une pipe au-dessus d'un texte affirmant que « ceci n'est pas une pipe » (et si les échos du mot peuvent être

multiples, la justification n'en reste pas moins immédiate et logique : ceci n'est pas une pipe, puisque c'est
une image, une représentation, que nul n'y pourrait
ajouter du tabac pour la fumer).

*… Il ne s'agit pas tant de représenter un objet que son
potentiel, son sens latent et son devenir invisible…*

Si la pipe de Magritte est certainement l'une de ses
œuvres les plus célèbres, avec les inoubliables *L'Enfance
d'Icare* (1960) ou *La Mémoire* (1942) (une tête sculptée,
posée sur un rebord de pierre devant le bleu de la mer
et du ciel, saigne pourtant), le tableau le plus embléma-
tique de son art et de sa quête est sans doute le très bien
nommé *La Clairvoyance* (1936) : on y voit un peintre
observer son sujet, un œuf posé sur une table, tandis
qu'il peint sur la toile un oiseau aux ailes déployées. Il
ne s'agit pas tant de représenter un objet que son
potentiel, son sens latent et son devenir invisible. « Pour
moi, la conception d'un tableau, c'est une idée d'une
chose ou de plusieurs choses, qui peuvent devenir visibles
par ma peinture », disait-il encore, insistant sur sa quête
d'un pouvoir, celui « de nous surprendre et de nous
enchanter. J'appelle ce pouvoir la poésie ».

De Magritte aussi bien que de Camus, l'on pourrait
dire au fond que tous deux visent une forme de révé-
lation et, partant, qu'ils veulent donner à voir ou montrer,
comme l'on *démontre*, ce qui n'est pas visible. Le théâtre
d'Albert Camus, dans *Caligula* comme dans *Le Malentendu*
(une mère et sa fille en figures d'assassins sans foi ni loi
qui en viennent à tuer à leur insu leur propre fils et
frère), est en effet, et au sens littéral, un théâtre de la

démonstration. Dès lors que les monstres entrent en scène, la démonstration peut commencer. Mais en deçà du monstre, ce qui est donné à voir, c'est ce que la présence du monstrueux révèle de la banalité, de la normalité. C'est avant tout la veulerie ordinaire, la lâcheté commune que révèle la quête infernale de Caligula, au-delà de la problématique de la révolte. Ici aussi, ce sont des rapports qui sont en jeu, au grand théâtre du pouvoir et de la cruauté, rapports de force, rapports impossibles entre la norme de la vie commune et le monstrueux qui vient la déchiqueter. Des rapports invisibles au quotidien des jours, ou plus exactement tellement évidents qu'on ne les voit plus.

Le texte

en perspective

Pierre-Louis Fort

Mouvement littéraire

Camus et l'absurde

LE 21 FÉVRIER 1941, ALBERT CAMUS NOTE : « Terminé *Sisyphe*. Les trois Absurdes sont achevés » (*Carnets*). Avant cet essai, l'auteur avait effectivement abordé l'absurde par le biais du roman (*L'Étranger*) et du théâtre (première version de *Caligula*). *Caligula* est donc l'un des éléments de cette exploration intellectuelle et philosophique à laquelle le nom de Camus reste profondément attaché.

1.

Retour sur « les trois Absurdes »

Ce que Camus avait noté dans ses papiers personnels sur les liens entre les trois œuvres sera confirmé publiquement quelques années plus tard. Après avoir retravaillé *Caligula* et fait des modifications majeures depuis les premières versions, il écrit, dans le « prière d'insérer » de l'édition de 1944 : « Avec [...] *Caligula*, Albert Camus fait appel à la technique du théâtre pour préciser une pensée dont *L'Étranger* et *Le Mythe de Sisyphe*

— sous les aspects du roman et de l'essai — avaient marqué les points de départ. »

1. *L'absurde et le récit* : L'Étranger

Le premier élément de la trilogie, commencé en 1939 et publié en 1942, *L'Étranger*, est certainement l'une des œuvres les plus connues de Camus. Sa brièveté percutante, sa densité réflexive et sa maîtrise narrative en ont assuré la pérennité depuis sa parution.

L'incipit de ce récit fera date : « Aujourd'hui, maman est morte. Ou peut-être hier, je ne sais pas. » Le lecteur suit alors Meursault, le narrateur, qui enterre sa mère, se lie avec une femme puis tue un Algérois (dans la première partie), avant de se retrouver emprisonné et d'être condamné à mort (dans la deuxième partie). Tout au long du texte, le personnage est confronté au problème fondamental du sens et de la non-signification, autrement dit, de l'absurde. Jacqueline Lévi-Valensi, cofondatrice de la Société d'études camusiennes, écrit ainsi que *L'Étranger* propose le mythe de « l'homme moderne, pris dans l'absurdité de la vie quotidienne et du hasard, absurdité accrue par la sottise aveugle des institutions et de la société ».

2. *L'absurde et l'essai* : Le Mythe de Sisyphe

Avec *Le Mythe de Sisyphe*, Camus choisit une forme différente pour développer la réflexion sur l'absurde — celle de l'essai — et s'appuie, dans la quatrième partie de son développement, sur une figure mythique — celle de Sisyphe. Ce qui intéresse Camus chez Sisyphe, c'est la répétition infinie de sa tâche : le héros grec, figure de l'homme face à l'absurde, passe son temps à rouler un rocher jusqu'en haut d'une montagne de laquelle il redescend aussitôt. Mais Sisyphe ne se décourage pas. Il affronte lucidement sa condamnation et accepte les limites de son destin. Camus avance qu'il faut «imaginer Sisyphe heureux» : «La lutte elle-même vers les sommets suffit à remplir un cœur d'homme.»

«L'absurde», écrit Camus dans cet essai qui développe de façon théorique sa pensée sur la «sensibilité absurde», est «essentiellement un divorce» : plus précisément, il s'agit d'un «divorce entre l'esprit qui désire et le monde qui le déçoit». Le sentiment de l'absurde réside donc dans cette inadéquation entre un homme qui cherche la clarté et un monde qui la lui refuse : «Ce monde en lui-même n'est pas raisonnable, c'est tout ce qu'on en peut dire. Mais ce qui est absurde, c'est la confrontation de cet irrationnel et de ce désir éperdu de clarté dont l'appel résonne au plus profond de l'homme.» Camus parle à ce propos «d'épaisseur et d'étrangeté du monde».

Comment réagir dès lors? Renoncer à une vie se déroulant dans un monde qui semble privé de sens? Certes pas : le suicide, présenté à l'orée du texte comme étant le seul «problème philosophique vraiment sérieux», ne représente pas une solution. Camus propose de vivre lucidement et libre : «Sentir sa vie, sa révolte, sa liberté et le plus possible, c'est vivre et le plus possible.»

3. *L'absurde et le théâtre :* Caligula

Comme le précisait Camus dans le prière d'insérer de 1944, le théâtre est donc la troisième forme choisie pour explorer l'absurde. L'auteur recourt à un personnage puissant, de condition supérieure, emprunté à l'Antiquité cette fois : Caligula. Dans cette pièce en quatre actes, pensée dès 1937, l'empereur est hanté par cette vérité qu'il profère au premier acte : «Les hommes meurent et ils ne sont pas heureux. »

Caligula, tout comme Meursault ou Sisyphe, est un héros qui se heurte à la question du sens. La caractéristique de l'empereur est de ne pouvoir supporter cette saisie de l'absurde. Elle le mène à sa fin, au terme d'un parcours destructeur et nihiliste. L'absurde aimante ainsi tout le drame au travers d'un homme qui teste les limites du sens et ne parvient finalement qu'à se faire tuer, au sein de ce que Camus va appeler «un suicide supérieur ».

2.

Un homme au cœur de l'absurde : Caligula

1. *La mort et la découverte de l'absurde*

La critique a souvent tissé des parallèles entre *L'Étranger* et *Caligula*, notamment par rapport à leur façon de débuter. Dans les deux œuvres, la mort d'un proche est à l'origine de tout le développement de l'action : celle de la mère du narrateur dans *L'Étranger*, celle de Drusilla, sœur et amante de l'empereur, dans *Caligula*. Lors de la première scène de la pièce, les patriciens s'inquiètent de la disparition de Caligula, qu'ils mettent sur le compte du décès de Drusilla. Les intrigues de ces deux œuvres interrogeant l'absurde sont donc placées sous le signe de la mort. L'un des premiers sous-titres de la pièce était d'ailleurs «Caligula ou le sens de la mort ».

De retour, l'empereur souligne que cette mort a servi,

en fait, de révélateur et que c'est la confrontation avec l'absurde qui le bouleverse : « Cette mort n'est rien, je te le jure ; elle est seulement le signe d'une vérité qui me rend la lune nécessaire. C'est une vérité toute simple et toute claire, un peu bête, mais difficile à découvrir et lourde à porter. [...] Les hommes meurent et ils ne sont pas heureux » (I, 4). Même si Hélicon lui dit que « c'est une vérité dont on s'arrange très bien », Caligula refuse ces arrangements, synonymes de « mensonge », et veut contraindre les hommes à vivre « dans la vérité ». Il va ainsi s'en faire « le professeur », « changer l'ordre des choses » et entreprendre une conquête de l'« impossible » : « Je prends en charge un royaume où l'impossible est roi », s'exclame-t-il. À Cæsonia, il explique ainsi : « Et lorsque tout sera aplani, l'impossible enfin sur terre, la lune dans mes mains, alors, peut-être, moi-même je serai transformé et le monde avec moi, alors enfin les hommes ne mourront pas et ils seront heureux » (I, 11).

2. *Face à l'absurde*

Toute l'existence de Caligula s'inscrit sous le signe de cet absurde omniprésent (« même la douleur est privée de sens », IV, 13) et résumé dans des maximes telles que : « Ce monde est sans importance et qui le reconnaît conquiert sa liberté. »

Dans la préface à l'édition américaine, Camus revient sur cette liberté. Il explique ainsi que Caligula est « obsédé d'impossible, empoisonné de mépris et d'horreur, [et qu'] il tente d'exercer, par le meurtre et la perversion systématique de toutes les valeurs, une liberté dont il découvrira pour finir qu'elle n'est pas la bonne ». Cette liberté « sans frontières » n'est effectivement pas la bonne : l'empereur l'exerce à mauvais escient dans ce qu'il envisage comme un programme pédagogique, et le dramaturge insiste sur le fait que Caligula « prend au mot ceux qui l'entourent, les force à la logique [...] nivelle tout autour de lui par la force de son refus et par la rage de destruction où l'entraîne sa passion de vivre ».

Destruction ? De fait : le personnage qui n'obéit comme il le dit qu'aux « caprices de [s]a fantaisie » (III, 2) s'enfonce dans le nihilisme. Plus rien ne compte. Caligula refuse les hiérarchies, les valeurs, il perd les nuances : « Tout est capital, te dis-je. Tout est sur le même pied : la grandeur de Rome et tes crises d'arthritisme. » Il désacralise et ruine ainsi tout ce qui est lié à l'humain, que ce soit l'amour (« L'amour, Cæsonia ! J'ai appris que ce n'était rien », I, 11) ou l'amitié (« l'amitié me fait rire », I, 10 ; « J'en ai fini avec l'amitié », IV, 13). Il réduit à néant la religion (Scipion lui reproche ainsi d'avoir blasphémé et de « souiller le ciel après avoir ensanglanté la terre », III, 2 ; Caligula dira aussi plus tard : « J'ai pris le visage bête et incompréhensible des dieux »), les arts (la danse, notamment, comme on le voit à la première scène de l'acte III, lorsqu'il va danser, grimé en « Vénus grotesque ») et jusqu'à la valeur de la vie humaine (« Si le Trésor a de l'importance, alors la vie humaine n'en a pas » I, 8).

Cherea résume cette liquidation généralisée en disant : « ce n'est pas la première fois que, chez nous, un homme dispose d'un pouvoir sans limites, mais c'est la première fois qu'il s'en sert sans limites, jusqu'à nier l'homme et le monde ». Il renchérit en soulignant que l'empereur « transforme sa philosophie en cadavres » (II, 2). Et des cadavres, il y en a jusqu'à saturation dans cette pièce. Caligula a tué le père de Scipion tout comme le fils de

Lepidus (II, 5), à qui il osera s'adresser dans les termes suivants : « Tu as l'air de mauvaise humeur. Serait-ce parce que j'ai fait mourir ton fils ? » La pièce donne même à voir la mort de Mereia (« *Caligula, d'un bond sauvage, l'atteint au milieu de la scène, le jette sur un siège bas et, après une lutte de quelques instants, lui enfonce la fiole entre les dents et la brise à coups de poing. Après quelques soubresauts, le visage plein d'eau et de sang, Mereia meurt* », didascalie de la scène 10 du deuxième acte) et celle de Cæsonia, que Caligula étrangle (IV, 13). Deux exécutions sont par ailleurs projetées : celle de Rufius (II, 5) et celle de Cassius qui avait dit vouloir tout donner pour Caligula (« Jupiter, prends ma vie en échange de la sienne [...] Ah ! César, il n'est rien que, pour toi, je ne donnerais sur l'heure ») et dont la promesse est prise au pied de la lettre : « Mais où m'emmènent-ils ? » demande le patricien. « À la mort, voyons. Tu as donné ta vie pour la mienne » (IV, 9), lui répond Caligula.

Cherea, qui diagnostique particulièrement bien l'égarement de Caligula, précise ne pas supporter de « voir se dissiper le sens de cette vie, disparaître notre raison d'exister » (II, 2). Il le dit très explicitement à l'empereur : « J'ai envie de vivre et d'être heureux. Je crois qu'on ne peut être ni l'un ni l'autre en poussant l'absurde dans toutes ses conséquences » (III, 6).

3. *L'échec de Caligula*

À l'issue de la pièce, Caligula ne sera pas parvenu à ses fins : il ne trouve pas la lune, métaphore de l'impossible vainement recherché (« L'impossible ! Je l'ai cherché aux limites du monde, aux confins de moi-même »).

Sa liberté, qui a entraîné la destruction des autres, a également entraîné la sienne. Dans la préface à l'édition américaine (1957), le dramaturge résume ainsi la chute de l'empereur :

> Si sa vérité est de se révolter contre le destin, son erreur est de nier les hommes. On ne peut tout détruire sans se détruire soi-même. C'est pourquoi Caligula dépeuple le monde autour de lui et, fidèle à sa logique, fait ce qu'il faut pour armer contre lui ceux qui finiront par le tuer. *Caligula* est l'histoire d'un suicide supérieur. C'est l'histoire de la plus humaine et de la plus tragique des erreurs. Infidèle à l'homme, par fidélité à lui-même, Caligula consent à mourir pour avoir compris qu'aucun être ne peut se sauver tout seul et qu'on ne peut être libre contre les autres hommes.

Juste avant de mourir dans la dernière scène, Caligula dresse une sorte de bilan marqué par l'aversion qu'il ressent pour lui-même (« Quel dégoût, après avoir méprisé les autres, de se sentir la même lâcheté dans l'âme »), l'échec des tentatives qui l'ont mené au néant (« Je n'ai pas pris la voie qu'il fallait, je n'aboutis à rien ») et le caractère irrémédiable de l'absurde (« Rien dans ce monde, ni dans l'autre, qui soit à ma mesure »).

3.

Théâtre, philosophie et absurde ?

À n'en pas douter, la pièce de Camus confronte le lecteur à l'absurde. Mais est-ce pour autant une pièce appartenant au « théâtre de l'absurde » ? *Caligula* conduit également le spectateur à s'interroger plus généralement sur la question du sens, de la liberté, de la vérité : peut-on dire, par ailleurs, qu'il s'agisse d'une « pièce philosophique » ?

1. *Le théâtre de l'absurde*

Ce qu'on appelle en général le théâtre de l'absurde est une forme d'écriture qui apparaît après la Seconde Guerre mondiale. Elle se caractérise par une triple rupture avec la tradition théâtrale : au niveau de l'action, du langage et des caractères mis en scène. En ce qui concerne l'action, elle est souvent réduite à sa plus simple expression, tant et si bien qu'on pourrait dire, en caricaturant, qu'il ne s'y passe rien. Il en va de même, quasiment, au niveau des caractères : les personnages sont relativement insolites (anti-héros, marginaux…) et il serait difficile d'en dresser un portrait complet, la notion d'identité ou de personnalité se trouvant mise à mal. Enfin, au niveau du langage, les textes traduisent la suspicion que les dramaturges entretiennent à son égard, que ce soit au travers de dialogues qui tournent à vide ou convoquent les clichés, ou bien à travers un texte lacunaire, saturé de silences pour montrer la faillite de la communication. Souvent, les pièces en question mêlent intimement dimension tragique et dimension comique. Parmi les représentants de ce théâtre, on trouve des auteurs comme Arthur Adamov, Eugène Ionesco et Samuel Beckett. Des pièces comme *La Cantatrice chauve*, par exemple, ou *En attendant Godot* sont emblématiques de cette mouvance.

À lire *Caligula,* on voit que la pièce de Camus n'adopte pas les caractéristiques du théâtre de l'absurde : les personnages ne se dissolvent pas dans des identités labiles, l'action se déroule sans se déliter et le langage résiste (les échanges entre les personnages ne sont pas troués par l'absence de sens ou de signification, même s'ils entrent en écho avec elle). Seul point commun : le mélange entre comique et tragique.

2. *Une pièce philosophique ?*

Le Mythe de Sisyphe opère une distinction intéressante entre les «romanciers philosophes» et les «écrivains à thèse». Ces derniers incarnent ce que Camus rejette : la défense simpliste d'une idée. Les «romanciers philosophes», en revanche, élaborent une pensée plus complexe, en mouvement, sans manichéisme. C'est dans cette veine-là, plus nuancée, que Camus tend à s'inscrire. Dans le prière d'insérer, il souligne cette dynamique en disant que ses pièces «tentent de donner vie aux conflits apparemment insolubles que toute pensée active doit d'abord traverser avant de parvenir aux seules solutions valables». *Caligula* est-elle pour autant une pièce philosophique ?

Ce n'est pas ainsi, en tout cas, que son auteur la pense. En effet, Camus ne se considère pas comme un philosophe, mais plutôt comme un essayiste : «Je ne suis pas un philosophe. Je ne crois pas assez à la raison pour croire à un système.» Dans *Le Mythe de Sisyphe*, il explique ainsi qu'il va traiter «d'une sensibilité absurde [...] et non d'une philosophie absurde». Quant à ses écrits dramatiques, il ne les qualifie pas non plus de philosophiques : «Est-ce à dire que l'on doive considérer le théâtre d'Albert Camus comme un "théâtre philosophique" ? Non — si l'on veut continuer à désigner ainsi cette forme périmée de l'art dramatique où l'action s'alanguissait sous le poids des théories» («Prière d'insérer de l'édition de 1944»). Le dramaturge insiste au contraire sur la dimension esthétique : «Rien n'est plus "dramatique" que *Caligula*, qui semble n'emprunter ses prestiges qu'à l'histoire. »

Mais l'inquiétude d'une confusion semble demeurer malgré tout au fil des ans puisque Camus, dans la préface de l'édition américaine, revient sur cette idée, afin de la pourfendre une dernière fois : « La critique française, qui a pourtant très bien accueilli la pièce, a souvent parlé, à mon grand étonnement, de pièce philosophique. Qu'en est-il exactement ? » Et de démonter immédiatement cette interprétation, de façon ironique :

> Je cherche en vain la philosophie dans ces quatre actes. Ou, si elle existe, elle se trouve au niveau de cette affirmation du héros : « Les hommes meurent, et ils ne sont pas heureux. » Bien modeste idéologie, on le voit, et que j'ai l'impression de partager avec M. de La Palice et l'humanité entière. Non, mon ambition était autre. La passion de l'impossible est, pour le dramaturge, un objet d'études aussi valable que la cupidité ou l'adultère. La montrer dans sa fureur, en illustrer les ravages, en faire éclater l'échec, voilà quel était mon projet. Et c'est sur lui qu'il faut juger cette œuvre.

Ni théâtre de l'absurde ni théâtre philosophique, *Caligula* est en fait une œuvre qui interroge l'absurde et résonne avec la philosophie en demeurant avant tout une pièce suffisamment complexe dans ses ambitions et sa réalisation pour résister aux désignations rigides et rapides.

Pour aller plus loin

Albert CAMUS, *L'Étranger* (1942), Gallimard, « Folio-plus classiques », 2005 ; *Le Mythe de Sisyphe* (1942), Gallimard, « Folio Essai », 1985 ; *Caligula*, texte établi, présenté et annoté par Pierre-Louis Rey, in Albert

CAMUS, *Œuvres complètes*, tome 1, sous la direction de Jacqueline Lévi-Valensi, Gallimard, «Bibliothèque de la Pléiade», 2006.

Martin ESSLIN, *Le Théâtre de l'absurde*, trad. M. Buchet, F. Delpierre et F. Frank, Buchet-Chastel, 1963.

Pascal RIENDEAU, «Le théâtre de l'absurde», in *Le Dictionnaire du littéraire*, PUF, 2002.

La Revue des Lettres modernes, série «Albert camus», Minard (dir. R. Gay-Crosier).

Bulletin des études camusiennes (édité par la Société des études camusiennes). Voir : http://webcamus.free.fr

Genre et registre

Sous le signe du théâtre

CAMUS SE PASSIONNA TOUTE SA VIE pour le domaine théâtral. Il est à peine âgé d'une vingtaine d'années lorsqu'il fonde le Théâtre du Travail, se lance dans l'écriture dramaturgique, se met à jouer et commence à s'exercer à la mise en scène. Tout au long de son existence, cet amour des planches ne se démentira pas et le théâtre occupera un rôle de premier ordre dans sa vie. Il sera ainsi dramaturge mais aussi metteur en scène et comédien. Dans *Pourquoi je fais du théâtre* (émission télévisée de 1959), il l'exprime très clairement : « Vraiment, le peu de morale que je sais, je l'ai appris sur les terrains de football et les scènes de théâtre, qui resteront mes vraies universités. » Et d'ajouter qu'« une scène de théâtre est un des lieux du monde où [il est] heureux ».

1.

Une vie de théâtre

1. *La place de* Caligula

C'est au cours de ses années de jeunesse, placées sous le sceau du théâtre, que Camus entreprend son *Caligula* : « Je destinais cette pièce au petit théâtre que j'avais créé à Alger et mon intention, en toute simplicité, était de créer le rôle de Caligula. Les acteurs débutants ont de ces ingénuités. Et puis j'avais vingt-cinq ans, âge où on doute de tout, sauf de soi. »

Entre les années 1930 et la fin des années 1950, la pièce connaît un grand nombre de remaniements et Camus écrit beaucoup à son propos : il publie notamment un « prière d'insérer de l'édition de 1944 », une « préface à l'édition américaine » (1957) et y consacre le « Programme pour le nouveau théâtre, 1958 ». Il n'hésite pas non plus à utiliser les médias pour partager son goût du théâtre : en 1945, il parle ainsi de *Caligula* dans le journal *Le Figaro*. À chaque fois, le dramaturge essaie de faire résonner son œuvre, d'en donner les soubassements et les intentions, voire d'en rectifier de façon préventive des interprétations fautives, car si Camus joue, écrit et met en scène le théâtre, il aime également à le penser.

2. *Une « pièce en quatre actes »*

La structure d'ensemble de *Caligula* est relativement simple : après avoir été une pièce en trois actes, il s'agit, dans sa forme finale, d'une pièce en quatre actes (de longueurs inégales) subdivisés de façon tout à fait traditionnelle en plusieurs scènes (lesquelles dérogent à l'habitude classique de commencer par l'entrée ou la sortie d'un personnage, ceux de *Caligula* pouvant entrer en milieu de scène).

L'unité d'action y est très fortement marquée (toute l'action se cristallise autour de l'empereur, de ses exactions et du complot destiné à l'éliminer), tout comme l'unité de lieu (les didascalies initiales indiquent que « *la scène se passe dans le palais de Caligula* »). Seule l'unité de temps est rompue puisqu'il y a « *un intervalle de trois années entre le premier acte et les actes suivants* », l'ellipse temporelle permettant la progression de l'action, du programme de Caligula à sa réalisation.

Camus n'est pas spécialement prolixe en explications permettant d'assigner la pièce à une forme théâtrale particulière : la seule chose qu'il dise très explicitement, c'est que « tout est permis sauf le genre romain » et qu'« il ne s'agit à aucun moment d'une pièce historique ». Il serait ainsi difficile de classifier une pièce qui appartient, en fait, au renouveau théâtral du XXᵉ siècle, en dehors des genres bien établis par la tradition. Pour autant, la pièce n'est pas sans faire résonner plusieurs registres : tragique, comique et poétique.

2.

Multiplicité des registres

1. *Entre tragique...*

Comment ne pas penser à la tragédie quand on lit *Caligula* ? Camus lui-même ne dit-il pas qu'il s'agit d'une « tragédie de l'intelligence » ?

Il faut bien reconnaître, en effet, que Caligula a tout du héros tragique. Sa naissance en premier lieu (il est de rang élevé), son inceste avec sa sœur (thème tragique fréquent), et son *hubris* (sa démesure) qui le conduit à vouloir égaler les dieux. Certes, il n'y a pas de *fatum* explicite dans cette pièce — hormis celui que Caligula fait peser lui-même sur son destin (doublé du poids de la condition humaine en général) —, mais la folie qu'on lui prête (et à laquelle il se prête) en tient lieu. Scipion, dans l'acte I, dit ainsi de l'entreprise de Caligula que « c'est la récréation d'un fou » (I, 9) et les didascalies finales évoquent son « rire fou ».

Outre le personnage de Caligula qui induit l'inscription dans le registre tragique, un certain nombre de répliques conduisent également le spectateur à penser que la pièce n'est pas sans lien avec la tragédie. Dès la scène d'exposition, le premier patricien s'inquiète d'un « inceste qui prend l'allure des tragédies ». Caligula lui-même, avant de tuer Cæsonia, lui confie qu'elle a « suivi jusqu'au bout une bien curieuse tragédie ».

2. ... *comique*...

L'homme qui appela malicieusement ses chats Cali et Gula n'hésite pas, en effet, à doter la pièce d'une certaine dimension humoristique. S'il est attentif, le spectateur retrouvera effectivement le comique de mots avec des jeux verbaux (« le Trésor, c'est capital ») ou des allusions satiriques (à la devise pétainiste « Travail, famille, patrie », par exemple : « La famille tremble, le respect du travail se perd, la patrie tout entière est livrée au blasphème »). Il verra également du comique de geste, mais non sans arrière-plan tragique (les poètes qui « *lèchent leurs immortelles tablettes* » ; la danse de Caligula), ou de

situation, quand Caligula prend cyniquement au mot
les patriciens qui proposent de donner de l'argent ou
leur vie en échange de son rétablissement (IV, 9), ou
encore quand Lepidus («atterré» après la mise à mort
de Mereia) demande à Cæsonia ce qu'il faut faire et
que Cæsonia, avec «simplicité», répond d'un bien terre-
à-terre : «D'abord, retirer le corps, je crois. Il est trop
laid!» (II, 11).

Par bien des aspects aussi, la pièce tend au burlesque,
par exemple lorsque Cæsonia et Hélicon haranguent
le public pour que des spectateurs viennent voir un
Caligula *« costumé en Vénus grotesque »* ou encore avec la
scène du concours de poésie (IV, 12) qui confine à la
parodie.

Très vite, néanmoins, le spectateur réalise que ce
comique est empreint de gravité, l'élan libérateur du
rire est rapidement brisé par le poids des enjeux, comme
si le dramaturge s'amusait à mêler les genres.

3. ... et poétique

Camus, dans cette pièce, touche également au lyrique.
C'est autour de la lune, métaphore de la quête de l'impossible, que se cristallise souvent cette dimension poétique. Elle est l'occasion d'un duo lyrique entre Scipion
et l'empereur (II, 14) ou encore d'un monologue poétique de Caligula (III, 3) au cours duquel la lune devient
femme dans sa couche. Chaque fois, cependant, l'élan
lyrique est brisé : par une remarque cynique de Caligula
à Scipion dans le premier cas (juste à l'issue de la par-
tition à deux voix, il s'exclame : «Tout cela manque de
sang») ou par un retour à une matérialité cocasse, Caligula décrétant subitement, dans le deuxième cas, que
son «vernis ne vaut rien». Poète, Caligula semble donc

l'être, mais c'est un poète au « lyrisme inhumain », comme
le précise Cherea qui pose par ailleurs une question de
première importance : la poésie doit-elle être meurtrière ? (II, 6).

3.

Une théâtralité exacerbée

Une des particularités théâtrales de *Caligula* est d'être
une pièce qui joue, justement, sur la théâtralité.
Caligula n'est-il pas, comme il le suggère, un acteur (« il
me faut des spectateurs », I, 11) et même, dans ses relations avec les autres personnages, un metteur en scène ?
Certaines scènes, dès lors, ne deviennent-elles pas du
théâtre dans le théâtre ?

1. *Caligula acteur*

Acteur, Caligula l'est sans conteste : dans plusieurs
scènes, l'empereur joue la comédie, lui qui, au demeurant, promet à Cæsonia, dès l'orée de la pièce, le « plus
beau des spectacles » (I, 11). Il n'hésite pas à payer de
sa personne pour que la représentation soit réussie en
incarnant divers personnages. Le spectateur le voit en
Vénus (III, 1) et en danseuse (IV, 4). À chaque fois, les
didascalies indiquent la prise de distance nécessaire par
rapport au jeu de Caligula : dans le premier cas, la
Vénus est qualifiée de « *grotesque* » tandis que, dans le
deuxième cas, les indications scéniques sous-entendent
le grotesque corporel (« *en robe courte de danseuse, des fleurs
sur la tête* ») et la bouffonnerie de la situation (« *mime
quelques gestes ridicules de danse et s'éclipse* »). Caligula aime

donc à se donner en représentation. Rien d'étonnant à ce qu'Hélicon se présente comme « son spectateur » (I, 5) et que le troisième patricien dise que c'est « un comédien » (II, 1). Certains deviennent même spectateurs à leur corps défendant, comme Cæsonia qui se retrouve obligée d'assister aux coups de gong déments et spectaculaires de Caligula à la fin de la scène 11 de l'acte I, juste après qu'il a exigé : « Du public, je veux avoir mon public ! »

2. *Metteur en scène et dramaturge*

Mais Caligula n'est pas que comédien, il est également metteur en scène. Dans la scène 5 de l'acte II, par exemple, il organise le comportement des personnages présents en scène. Les impératifs et les tournures exprimant l'ordre se multiplient : « Je veux que tout le monde rie. Toi, Lepidus, et tous les autres. Levez-vous, riez […] Je veux, vous entendez, je veux vous voir rire. » C'est également Caligula qui met en scène sa propre apparition en Vénus et en danseuse, c'est également lui qui organise le concours de poésie et en établit le cérémonial, depuis le déroulement jusqu'au final : « Sortez en bon ordre ! Vous allez défiler devant moi en léchant vos tablettes pour y effacer les traces de vos infamies. Attention ! En avant ! » (IV, 12).

Plus encore, Caligula se fait dramaturge et le signifie lui-même : « Je me suis fait destin […] c'est de l'art dramatique ! » En effet, il organise l'histoire et crée les rebondissements. Ainsi de la péripétie concernant sa mort annoncée, destinée à éprouver son entourage (IV, 7-10). Il orchestre aussi la sortie des personnages, comme celle de Cæsonia qu'il va tuer : « Il est temps que pour toi le rideau se baisse » (IV, 13). Dans la pièce, Caligula est donc acteur, mais aussi metteur en scène et dramaturge. Profondément, il est homme de théâtre : « L'erreur de tous ces hommes, c'est de ne pas croire assez au théâtre » (III, 2).

3. *Théâtre dans le théâtre*

À force d'être autant convoqué, le théâtre se retrouve mis en abyme : dans *Caligula*, le spectateur voit du théâtre dans le théâtre. La première scène de l'acte III est même entièrement organisée autour de ce modèle. Le rideau s'ouvre sur une autre scène de type théâtral : « *Au centre, une tenture devant laquelle, sur une petite estrade, se trouvent Hélicon et Cæsonia.* » Cette dernière annonce clairement la perspective dramaturgique : « Approchez, Messieurs. La représentation va commencer. » Hélicon, ensuite, « *tire la tenture* » pour dévoiler Caligula sur son piédestal. L'espace scénique est ainsi redoublé. Les spectateurs assistent au spectacle des patriciens assistant à celui donné par Caligula.

On retrouve ce même type d'organisation avec le concours poétique (Caligula devient ordonnateur d'une scène que regardent des spectateurs, eux-mêmes regardés par les spectateurs de la pièce) ou encore avec le numéro de danse exécuté par Caligula (IV, 4, la théâtralité étant soulignée par la parole du garde qui signale que « le spectacle est terminé »).

Pour aller plus loin

Albert CAMUS, *Théâtre, récits, nouvelles*, préface de J. Grenier, édition établie et commentée par R. Quilliot, Gallimard, « Bibliothèque de la Pléiade », 1962.

Anne-Marie AMIOT, « Nature et fonction du lyrisme de *Caligula* dans la redéfinition de la tragédie moderne », in *Camus et le lyrisme*, SEDES, 1997.

Sophie BASTIEN, *Caligula et Camus : interférences trans-historiques*, Rodopi, Faux titre, 2006.

Ilona COOMBS, *Camus, homme de théâtre*, Nizet, 1968.

Franck ÉVRARD, *Albert Camus*, Ellipses, coll. « Thèmes et études », 1998.

Jacqueline LÉVI-VALENSI (dir.), *Albert Camus et le théâtre*, IMEC éditions, 1992.

Jacqueline LÉVI-VALENSI et A. SPIQUEL, *Camus et le lyrisme*, SEDES, 1997.

Revue des Lettres modernes, n° 7 (sous la dir. de R. Gay-Crosier), Minard, 1975.

L'écrivain
à sa table de travail

Écrire et récrire

CAMUS AVAIT À CŒUR DE RÉUSSIR son *Caligula*. Dans une lettre du 27 juillet 1939, il écrit ainsi : « Je ne peux détacher mon esprit de *Caligula*. Il est capital que cela soit une réussite. » Il ajoute même : « Avec mon roman et mon essai sur l'Absurde, il constitue le premier stade de ce que maintenant je n'ai pas peur d'appeler mon œuvre. » La pièce est effectivement un élément fondamental de la création camusienne, dont les sources remontent aux lectures de jeunesse et que le dramaturge n'aura de cesse, au cours des ans, de travailler, encore et encore.

1.

L'influence de Suétone

Suétone (v. 69 - v. 126) est un historien latin, auteur notamment de *Vies des douze Césars*. Camus découvre ce texte grâce à son professeur de première supérieure, Jean Grenier, lorsqu'il a dix-neuf ans. Cette œuvre l'intéresse et le retient même au point qu'il va s'en inspirer quelques années plus tard, faisant de Caligula, découvert parmi ces douze biographies, le héros de sa pièce éponyme : « En lisant l'histoire de ce grand et tragique comédien, je le voyais déjà sur une scène. »

1. Qui est donc Caligula ?

Arrière-petit-fils d'Auguste, Caius Julius Caesar Germanicus est un empereur romain qui vécut entre 12 et 41 après J.-C. Il tire son surnom du mot *caliga* (« chaussure militaire ») en raison, écrit Suétone, d'« une plaisanterie militaire : [le diminutif] lui vint de la chaussure qu'il portait dans le camp où il fut élevé ». En 37, Caligula devient empereur de Rome. Il est alors âgé de vingt-cinq ans. L'histoire nous apprend que les milieux dirigeants furent rapidement mécontents de sa politique. Était-il trop jeune ? Peu préparé ? Mal entouré ? L'empereur essaie de s'attirer les grâces de la plèbe, mais ses frasques finissent par choquer et il gouverne en tyran. Bien qu'il déjoue de nombreux complots, il meurt assassiné en janvier 41.

C'est de cette figure haute en couleur et richement présentée par Suétone que Camus va s'inspirer. En 1945, il précise même qu'il n'a « rien inventé » ni « rien romancé ». Au journaliste du *Figaro* qui l'interroge, il explique : « Je l'ai pris tel que Suétone nous l'a transmis ; et Suétone est un journaliste qui savait voir. »

2. De Suétone à Camus

Force est de constater, en comparant la figure de Caligula dans la pièce et le portrait qui en est fait dans l'œuvre de Suétone, que le dramaturge a repris énormément de points de caractère et d'éléments biographiques fournis par l'historien.

On retrouve ainsi, issu de *Vies des douze Césars*, la mention du déguisement de Caligula en Vénus (« on le vit aussi avec les attributs de Vénus »), qui est l'occasion d'une des scènes anthologiques de la pièce (III, 1), ou le poids de son inceste avec sa sœur Drusilla, mis en avant par Camus au cœur de la scène d'exposition. Suétone rapporte aussi que Caligula « avait coutume de se plaindre de ce que son règne n'était marqué par aucune grande calamité », ce que reprend son homonyme théâtral, déclarant y remédier (II, 9) : « Je dis qu'il y aura famine demain. Tout le monde connaît la famine, c'est un fléau. Demain, il y aura fléau… et j'arrêterai le fléau quand il me plaira. » On sait par ailleurs qu'il « imagina un nouveau genre de chicanes, d'enchères et d'impôts », ce qu'on rencontre dans la pièce, Caligula avançant même qu'il n'est pas « immoral de voler directement les citoyens » et que si « gouverner, c'est voler », alors autant « vol[er] franchement » (I, 8). Suétone parle également de cet élément devenu central dans la pièce, la lune (« La nuit, Caligula invitait la lune, lorsqu'elle brillait dans son plein, à venir l'embrasser et à partager sa couche »), évoque le traité intitulé « Le Glaive » (cité en II, 8) et mentionne la résistance ultime de l'empereur (« Renversé par terre et se repliant sur lui-même, il criait qu'il vivait encore ») reprise de façon spectaculaire par Camus à la fin de la pièce qui se clôt par Caligula hurlant : « Je suis encore vivant ! » (IV, 14).

Globalement, ce sur quoi insiste particulièrement Suétone, c'est la monstruosité du personnage (« Je vais parler d'un monstre ») qui se caractérise par « la cruauté de ses actions ». Il raconte ainsi comment « il forçait les pères à assister au supplice de leurs enfants » et détaille notamment la fois où « immédiatement après, Caius invita [l'un d'eux] à un festin où il déploya toutes sortes

de politesses pour l'exciter à rire et à plaisanter », ce
que le spectateur retrouve à l'acte II, scène 5. De la
même façon, Camus s'inspire de Suétone pour la scène
violente où Caligula accuse Mereia d'avoir pris un anti-
dote avant de le forcer brutalement à boire un poison
(II, 10).

La grande différence, certainement, entre Camus et
Suétone réside dans l'aspect physique de l'empereur.
Suétone avait dressé un portrait à charge : « Caius avait
la taille haute, le teint très pâle, le corps mal fait, le cou
et les jambes extrêmement grêles, les yeux enfoncés, les
tempes creuses, le front large et menaçant, les cheveux
rares, le sommet de la tête dégarni, le reste du corps
velu. » Camus, en revanche, précise dès 1939 qu'il « est
moins laid qu'on ne le pense généralement. Grand mince,
son corps est un peu voûté, sa figure enfantine ». Certains critiques disent que c'est parce que Camus avait
l'intention de jouer le rôle.

Le dramaturge se sert donc du personnage historique
en restant globalement très proche de la façon dont
Suétone l'a fixé. Il exploite tout ce qui peut participer à
la dynamique dramatique : sa jeunesse, son intelligence,
sa violence, sa cruauté et sa folie. Mais il se défend d'en
rester au niveau historique dans « Le Programme pour
le nouveau théâtre, 1958 » en disant : « Bien entendu,
Caligula s'inspire aussi des préoccupations qui étaient
les miennes à l'époque où j'ai rencontré les *Douze Césars*.
C'est pourquoi *il ne s'agit à aucun moment d'une pièce historique.* » De fait, si Camus utilise cette figure historique,
c'est avant tout pour la mettre au service de son projet
d'alors : l'exploration de l'absurde.

2.

Gestation de l'œuvre

On retrouve une première mention du projet de Camus dans ses *Carnets*, en date de janvier 1937 : « Caligula ou le sens de la mort. 4 actes. » L'année suivante, alors qu'il achève *Noces*, Camus s'attelle à son projet, prend des notes pour la pièce et se lance dans la rédaction, tout en continuant d'autres travaux. En septembre 1939, un premier état de la pièce est au point. L'auteur n'en est pas particulièrement satisfait : « Il me semble que, tout de même, je suis meilleur que ça. Il faut aussi que je retravaille dessus. »

Camus se remet alors à l'ouvrage et, deux ans après, fait dactylographier la pièce. C'est la version dite de 1941. Son ancien professeur de philosophie, Jean Grenier, lui signifie que « cela peut être excellent au théâtre », mais il émet également quelques réserves sur « le Caligula romantique » du premier acte, tout en convenant que « sur le Caligula-monstre, il y a de belles tirades ».

Cette même année, Camus continue à travailler sur la pièce, notamment durant l'été. Il ne s'y remet ensuite qu'en décembre 1942 et une version révisée de la pièce est prête pour l'été 1943, moins marquée par la pensée nietzschéenne que la précédente, car Camus sait comment les nazis ont réussi à détourner la pensée du philosophe. Il accentue donc la révolte contre le tyran mais, pour éviter qu'il n'y ait des « rapprochements avec l'actualité », le dramaturge précise dans le paratexte de l'édition parue chez Gallimard en 1944 que la pièce date de 1938.

Il faut ensuite attendre 1945 pour que la pièce soit créée : l'événement a lieu au théâtre Hébertot, le 26 sep-

tembre, dans une mise en scène de Paul Œttly. Dans le
rôle-titre, un jeune comédien débutant dont la carrière
sera impressionnante, Gérard Philipe. Mais aussi, dans
celui de Scipion, un autre comédien promis à un grand
avenir, Michel Bouquet. Le public aime, la presse moins.
Le dramaturge note dans ses *Carnets* que la critique ne
saisit pas forcément le sens de son œuvre : «Trente
articles. La raison des louanges est aussi mauvaise que
celle des critiques. À peine une ou deux voix authen-
tiques ou émues. Dans le meilleur des cas, un malentendu. »

Camus reprend sa pièce. Une édition remaniée voit
le jour en 1947, qui sert pour une nouvelle mise en
scène en 1950, toujours au théâtre Hébertot. Infatigable
travailleur, dramaturge exigeant, Camus poursuit la tâche
et retravaille encore la pièce pour le festival d'Angers
en 1957, puis pour les jeunes comédiens du Nouveau
Théâtre en 1958.

Camus décédé, la pièce est reprise en 1962 à Bruxelles,
en 1964 et 1969 à Sarcelles, à Nantes en 1970, à Paris en
1971. Elle sera également jouée à l'étranger. De nombreuses mises en scène de la pièce sont aussi faites dans
les années 1980 et 1990 avant la consécration : l'entrée
à la Comédie-Française en 1992.

3.

Variantes

1. *Une pièce en projet*

Dès 1937, le dramaturge met au point un premier plan
de la pièce. Elle comporte alors seulement trois actes.

Le premier doit évoquer l'«accession» au pouvoir de l'empereur, sa «joie», ses «discours vertueux» (entre parenthèses, Camus note «cf. Suétone»). Il mentionne également le «miroir» (qui occupe une grande place dans la pièce). Dans l'acte II, il sera question de ses sœurs et de Drusilla, du «mépris des grands» (vraisemblablement les patriciens), ainsi que de la «mort de Drusilla» et de la «fuite de l'empereur». Quant à l'acte III, il n'est pas encore détaillé mais Camus, en revanche, connaît déjà la chute de sa pièce. Caligula doit apparaître en ouvrant le rideau et dire :

> Non, Caligula n'est pas mort. Il est là, et là. Il est en chacun de nous. Si le pouvoir vous était donné, si vous aviez du cœur, si vous aimiez la vie, vous le verriez se déchaîner, ce monstre ou cet ange que vous portez en vous. Notre époque meurt d'avoir cru aux valeurs et que les choses pouvaient être belles et cesser d'être absurdes. Adieu, je rentre dans l'histoire où me tiennent enfermé depuis si longtemps ceux qui craignent de trop aimer.

2. De 1939 à 1941

Dans la version de 1941 (où il est indiqué que «le décor n'a pas d'importance» et que «tout est permis sauf le "genre romain"»), l'organisation générale de la pièce a déjà beaucoup changé par rapport au premier état, celui de 1939 (la pièce s'intitulait alors «Caligula ou le Joueur» et comportait trois actes : acte I : «Désespoir de Caligula» — la mort de Drusilla survenant avant le lever du rideau ; acte II : «Jeu de Caligula» ; acte III : «Mort de Caligula»). Dorénavant, la pièce comporte un acte supplémentaire : elle en totalise quatre, l'ancien acte III devient le IV, et la nouvelle partie devient l'acte III, intitulé « Divinité de Caligula ». Elle permet à Camus d'insérer la scène où Caligula est travesti en Vénus ainsi que la scène 3, variation poétique sur la lune. Apparaît également Hélicon, esclave affranchi, personnage fidèle et allié de l'empereur, qui finira par intervenir dans près d'une scène sur deux. Enfin, l'importance du miroir croît. Dans une note de 1943, Camus le lie explicitement à la question de l'absurde : « L'absurde, c'est l'homme tragique devant un miroir. Il n'est donc pas *seul*. Il y a le germe d'une satisfaction ou d'une complaisance. Maintenant, il faut supprimer le miroir. »

3. *Version de 1944*

Cette version de 1941 sera encore remaniée pour aboutir au texte joué en 1945. Il est marqué par la suppression d'un passage de la fin de l'acte I dans lequel Caligula mentionnait Drusilla. On voit également qu'un monologue où Caligula se présentait comme un monstre souffrant (I, 4) est remplacé par un dialogue avec Hélicon où il demande la lune. Est ajoutée aussi, au moyen de ce dialogue, la phrase essentielle : « Les hommes meurent et ils ne sont pas heureux. » Des passages triviaux sont parallèlement ôtés (ceux concernant les reins de la femme de Mucius, à l'acte II, tout comme ceux décrivant les fesses du vieux sénateur). La figure de Cherea prend également de l'ampleur, manière de signifier, en ces temps troublés, la lutte contre le totalitarisme. Dans les changements de premier ordre, on notera enfin l'ajout du terme « tyran » dans l'acte III ainsi que celui de deux phrases capitales de l'œuvre : « Et toi aussi, tu étais coupable. Mais tuer n'est pas la solution » (IV, 13), « Je n'ai pas pris la voie qu'il fallait, je n'aboutis à rien. Ma liberté n'est pas la bonne » (IV, 14). La critique a souvent commenté le poids symbolique de cet ajout, reconnaissance d'une faute morale, qui résonne comme un repentir de l'empereur.

4. *Vers 1958*

Camus continuera à retoucher la pièce. En 1947, il ajoute la scène 4 de l'acte III où un vieux patricien prévient Caligula du complot et les scènes 1 et 2 de l'acte IV qui accentuent le poids de Scipion. À l'occasion des représentations du festival d'Angers de 1957, Camus effectue d'autres changements. La première modification concerne le décor, réduit à trois portes, une tour, trois pans de remparts et deux escaliers. La deuxième modification concerne le personnage d'Hélicon, qui trouve la mort. En 1958, le dramaturge change le texte, à la marge, pour le Nouveau Théâtre de Paris, mais ces modifications ne sont pas reprises dans l'édition de 1958.

Pour aller plus loin

Albert CAMUS, *Caligula - version de 1941*, éd. A. J. Arnold, Paris, Gallimard, coll. « Cahiers Albert Camus », n° 4, 1984.

Pierre-Louis REY, « Notice de *Caligula* », in *Œuvres complètes*, Gallimard, « Bibliothèque de la Pléiade », 2006.

SUÉTONE, *Vies des douze Césars*, trad. par H. Ailloud, Gallimard, « Folio classique », 1975.

Groupement de textes

Théâtre et complots

ARTICULER UNE PIÈCE AUTOUR D'UN COMPLOT, c'est, pour un dramaturge, s'assurer d'un moteur dramatique de premier ordre : les personnages vont essayer de se tromper les uns les autres, l'action va connaître de multiples rebondissements et les spectateurs seront tenus en haleine.

Les extraits de ce groupement tournent ainsi tous autour de l'idée de complot — politique, amoureux ou domestique —, dans des contextes variés et des perspectives diverses, depuis la tragédie du XVIIe siècle jusqu'au théâtre de l'immédiat après-guerre.

Pierre CORNEILLE (1606-1684)

Cinna (1642)

(« Folioplus classiques » n° 197)

Cinna est une pièce de Corneille entièrement organisée autour d'un complot : Émilie et Cinna veulent venger le père de cette dernière en tuant Auguste. Dans la scène d'exposition, le spectateur apprend qu'Émilie a chargé Cinna de l'assassinat d'Auguste.

ÉMILIE

Impatients désirs d'une illustre vengeance
Dont la mort de mon père a formé la naissance,
Enfants impétueux de mon ressentiment,
Que ma douleur séduite embrasse aveuglément,
Vous prenez sur mon âme un trop puissant empire :
Durant quelques moments souffrez que je respire,
Et que je considère, en l'état où je suis,
Et ce que je hasarde, et ce que je poursuis.
Quand je regarde Auguste au milieu de sa gloire,
Et que vous reprochez à ma triste mémoire
Que par sa propre main mon père massacré
Du Trône où je le vois fait le premier degré,
Quand vous me présentez cette sanglante image,
La cause de ma haine, et l'effet de sa rage,
Je m'abandonne toute à vos ardents transports,
Et crois, pour une mort, lui devoir mille morts.
Au milieu toutefois d'une fureur si juste,
J'aime encor plus Cinna, que je ne hais Auguste,
Et je sens refroidir ce bouillant mouvement,
Quand il faut, pour le suivre, exposer mon Amant.
Oui, Cinna, contre moi, moi-même je m'irrite
Quand je songe aux dangers où je te précipite.
Quoique pour me servir tu n'appréhendes rien,
Te demander du sang, c'est exposer le tien,
D'une si haute place on n'abat point de têtes,
Sans attirer sur soi mille et mille tempêtes,
L'issue en est douteuse, et le péril certain :
Un ami déloyal peut trahir ton dessein,
L'ordre mal concerté, l'occasion mal prise,
Peuvent sur son auteur renverser l'entreprise,
Tourner sur toi les coups dont tu le veux frapper,
Dans sa ruine même il peut t'envelopper,
Et quoi qu'en ma faveur ton amour exécute,
Il te peut, en tombant, écraser sous sa chute.
Ah ! cesse de courir à ce mortel danger,
Te perdre en me vengeant, ce n'est pas me venger.
Un cœur est trop cruel quand il trouve des charmes
Aux douceurs que corrompt l'amertume des larmes,

Et l'on doit mettre au rang des plus cuisants malheurs
La mort d'un ennemi qui coûte tant de pleurs.
Mais peut-on en verser alors qu'on venge un père ?
Est-il perte à ce prix qui ne semble légère ?
Et quand son assassin tombe sous notre effort,
Doit-on considérer ce que coûte sa mort ?
Cessez, vaines frayeurs, cessez, lâches tendresses,
De jeter dans mon cœur vos indignes faiblesses ;
Et toi qui les produis par tes soins superflus,
Amour, sers mon devoir, et ne le combats plus.
Lui céder, c'est ta gloire, et le vaincre, ta honte,
Montre-toi généreux, souffrant qu'il te surmonte,
Plus tu lui donneras, plus il te va donner,
Et ne triomphera que pour te couronner.

(Acte I, scène 1)

Jean RACINE (1639-1699)

Britannicus (1669)

(« Folioplus classiques » n° 23)

Britannicus *est une pièce de Racine, inspirée de Tacite,
qui met en scène la Cour de Néron. Le jeune empereur, épris
de Junie, va faire empoisonner son rival, Britannicus. Dans
la dernière scène de l'acte IV, Néron et Narcisse discutent de
l'élimination de Britannicus.*

NARCISSE

Seigneur, j'ai tout prévu pour une mort si juste.
Le poison est tout prêt. La fameuse Locuste
A redoublé pour moi ses soins officieux.
Elle a fait expirer un esclave à mes yeux ;
Et le fer est moins prompt pour trancher une vie
Que le nouveau poison que sa main me confie.

NÉRON

Narcisse, c'est assez, je reconnais ce soin,
Et ne souhaite pas que vous alliez plus loin.

NARCISSE

Quoi? pour Britannicus votre haine affaiblie
Me défend…

NÉRON

Oui, Narcisse, on nous réconcilie.

NARCISSE

Je me garderai bien de vous en détourner,
Seigneur. Mais il s'est vu tantôt emprisonner.
Cette offense en son cœur sera longtemps nouvelle.
Il n'est point de secrets que le temps ne révèle.
Il saura que ma main lui devait présenter
Un poison que votre ordre avait fait apprêter.
Les dieux de ce dessein puissent-ils le distraire!
Mais peut-être il fera ce que vous n'osez faire.

NÉRON

On répond de son cœur, et je vaincrai le mien.

NARCISSE

Et l'hymen de Junie en est-il le lien?
Seigneur, lui faites-vous encor ce sacrifice?

NÉRON

C'est prendre trop de soin. Quoi qu'il en soit, Narcisse,
Je ne le compte plus parmi mes ennemis.

NARCISSE

Agrippine, Seigneur, se l'était bien promis.
Elle a repris sur vous son souverain empire.

NÉRON

Quoi donc? Qu'a-t-elle dit? Et que voulez-vous dire?

NARCISSE

Elle s'en est vantée assez publiquement.

NÉRON

De quoi ?

NARCISSE

Qu'elle n'avait qu'à vous voir un moment :
Qu'à tout ce grand éclat, à ce courroux funeste,
On verrait succéder un silence modeste,
Que vous-même à la paix souscririez le premier,
Heureux que sa bonté daignât tout oublier.

NÉRON

Mais, Narcisse, dis-moi, que veux-tu que je fasse ?
Je n'ai que trop de pente à punir son audace,
Et si je m'en croyais ce triomphe indiscret
Serait bientôt suivi d'un éternel regret.
Mais de tout l'univers quel sera le langage ?
Sur les pas des tyrans veux-tu que je m'engage,
Et que Rome, effaçant tant de titres d'honneur,
Me laisse pour tous noms celui d'empoisonneur ?
Ils mettront ma vengeance au rang des parricides.

NARCISSE

Et prenez-vous, Seigneur, leurs caprices pour guides ?
Avez-vous prétendu qu'ils se tairaient toujours ?
Est-ce à vous de prêter l'oreille à leurs discours ?
De vos propres désirs perdrez-vous la mémoire ?
Et serez-vous le seul que vous n'oserez croire ?
Mais, Seigneur, les Romains ne vous sont pas connus.
Non, non, dans leurs discours ils sont plus retenus.
Tant de précaution affaiblit votre règne.
Ils croiront, en effet, mériter qu'on les craigne.
Au joug, depuis longtemps, ils se sont façonnés.
Ils adorent la main qui les tient enchaînés.
Vous les verrez toujours ardents à vous complaire.
Leur prompte servitude a fatigué Tibère.
Moi-même, revêtu d'un pouvoir emprunté,

Que je reçus de Claude avec la liberté,
J'ai cent fois, dans le cours de ma gloire passée,
Tenté leur patience, et ne l'ai point lassée.
D'un empoisonnement vous craignez la noirceur ?
Faites périr le frère, abandonnez la sœur.
Rome, sur ses autels, prodiguant les victimes,
Fussent-ils innocents, leur trouvera des crimes.
Vous verrez mettre au rang des jours infortunés
Ceux où jadis la sœur et le frère sont nés.

NÉRON

Narcisse, encore un coup, je ne puis l'entreprendre.
J'ai promis à Burrhus, il a fallu me rendre.
Je ne veux point encore, en lui manquant de foi,
Donner à sa vertu des armes contre moi.
J'oppose à ses raisons un courage inutile,
Je ne l'écoute point avec un cœur tranquille.

NARCISSE

Burrhus ne pense pas, Seigneur, tout ce qu'il dit.
Son adroite vertu ménage son crédit.
Ou plutôt ils n'ont tous qu'une même pensée :
Ils verraient par ce coup leur puissance abaissée :
Vous seriez libre alors, Seigneur, et devant vous,
Ces maîtres orgueilleux fléchiraient comme nous.
Quoi donc ! ignorez-vous tout ce qu'ils osent dire ?
Néron, s'ils en sont crus, n'est point né pour l'empire.
Il ne dit, il ne fait, que ce qu'on lui prescrit.
Burrhus conduit son cœur, Sénèque son esprit.
Pour toute ambition, pour vertu singulière,
Il excelle à conduire un char dans la carrière,
À disputer des prix indignes de ses mains,
À se donner lui-même en spectacle aux Romains,
À venir prodiguer sa voix sur un théâtre,
À réciter des chants qu'il veut qu'on idolâtre,
Tandis que des soldats, de moments en moments,
Vont arracher pour lui les applaudissements.
Ah ! ne voulez-vous pas les forcer à se taire ?

NÉRON

Viens, Narcisse. Allons voir ce que nous devons faire.

(Acte IV, scène 4)

Alfred de MUSSET (1810-1857)

Lorenzaccio (1834)

(« Folioplus classiques » n° 8)

En 1834, Musset publie Lorenzaccio. *La pièce se passe à Florence, en 1537. Lorenzo rêve d'assassiner le duc Alexandre de Médicis qui règne alors. Dans cette scène, il confie son projet à Philippe Strozzi.*

LORENZO : Je te fais une gageure. Je vais tuer Alexandre ; une fois mon coup fait, si les républicains se comportent comme ils le doivent, il leur sera facile d'établir une république, la plus belle qui ait jamais fleuri sur la terre. Qu'ils aient pour eux le peuple, et tout est dit. — Je te gage que ni eux ni le peuple ne feront rien. Tout ce que je te demande, c'est de ne pas t'en mêler ; parle, si tu le veux, mais prends garde à tes paroles, et encore plus à tes actions. Laisse-moi faire mon coup — tu as les mains pures, et moi, je n'ai rien à perdre.

PHILIPPE : Fais-le, et tu verras.

LORENZO : Soit — mais souviens-toi de ceci. Vois-tu dans cette petite maison, cette famille assemblée autour d'une table ? ne dirait-on pas des hommes ? Ils ont un corps, et une âme dans ce corps. Cependant, s'il me prenait envie d'entrer chez eux, tout seul, comme me voilà, et de poignarder leur fils aîné au milieu d'eux, il n'y aurait pas un couteau de levé sur moi.

PHILIPPE : Tu me fais horreur. Comment le cœur peut-il rester grand, avec des mains comme les tiennes ?

LORENZO : Viens, rentrons à ton palais, et tâchons de délivrer tes enfants.

PHILIPPE : Mais pourquoi tueras-tu le duc, si tu as des idées pareilles ?

LORENZO : Pourquoi ? tu le demandes ?

PHILIPPE : Si tu crois que c'est un meurtre inutile à ta patrie, pourquoi le commets-tu ?

LORENZO : Tu me demandes cela en face ? Regarde-moi un peu. J'ai été beau, tranquille et vertueux.

PHILIPPE : Quel abîme ! quel abîme tu m'ouvres !

LORENZO : Tu me demandes pourquoi je tue Alexandre ? Veux-tu donc que je m'empoisonne, ou que je saute dans l'Arno ? veux-tu donc que je sois un spectre, et qu'en frappant sur ce squelette… (*il frappe sa poitrine*), il n'en sorte aucun son ? Si je suis l'ombre de moi-même, veux-tu donc que je m'arrache le seul fil qui rattache aujourd'hui mon cœur à quelques fibres de mon cœur d'autrefois ? Songes-tu que ce meurtre, c'est tout ce qui me reste de ma vertu ? Songes-tu que je glisse depuis deux ans sur un mur taillé à pic, et que ce meurtre est le seul brin d'herbe où j'aie pu cramponner mes ongles ? Crois-tu donc que je n'aie plus d'orgueil, parce que je n'ai plus de honte, et veux-tu que je laisse mourir en silence l'énigme de ma vie ? Oui, cela est certain, si je pouvais revenir à la vertu, si mon apprentissage du vice pouvait s'évanouir, j'épargnerais peut-être ce conducteur de bœufs — mais j'aime le vin, le jeu et les filles, comprends-tu cela ? Si tu honores en moi quelque chose, toi qui me parles, c'est mon meurtre que tu honores, peut-être justement parce que tu ne le ferais pas. Voilà assez longtemps, vois-tu, que les républicains me couvrent de boue et d'infamie ; voilà assez longtemps que les oreilles me tintent, et que l'exécration des hommes empoisonne le pain que je mâche. J'en ai assez de me voir conspué par des lâches sans nom qui m'accablent d'injures pour se dispenser de m'assommer, comme ils le devraient. J'en ai assez d'entendre brailler en plein vent le bavardage humain ; il faut que le monde sache un peu qui je suis, et qui il est. Dieu merci, c'est peut-être demain que je tue Alexandre ; dans deux jours j'aurai fini. Ceux qui tournent autour de moi avec des yeux louches, comme autour d'une curiosité monstrueuse apportée d'Amérique, pourront satisfaire leur gosier, et vider leur sac à paroles. Que les hommes me comprennent ou non, qu'ils agissent ou n'agissent pas, j'aurai dit aussi ce que j'ai à dire ; je leur ferai tailler leurs plumes si je ne leur fais pas nettoyer leurs piques, et l'Humanité gardera sur sa joue le soufflet de mon épée marqué en traits de sang. Qu'ils m'appellent comme ils voudront, Brutus ou Érostrate, il ne me plaît pas qu'ils m'oublient. Ma vie entière est au bout de ma dague, et que la Providence retourne ou non la tête, en m'entendant frapper, je jette la nature humaine à pile ou face sur la tombe d'Alexandre — dans deux jours, les hommes comparaîtront devant le tribunal de ma volonté.

PHILIPPE : Tout cela m'étonne, et il y a dans tout ce que tu m'as dit des choses qui me font peine, et d'autres qui me font plaisir. Mais Pierre et Thomas sont en prison, et je ne saurais là-dessus m'en fier à personne qu'à moi-même. C'est en vain que ma colère voudrait ronger son frein ; mes entrailles sont émues trop vivement. Tu peux avoir raison, mais il faut que j'agisse ; je vais rassembler mes parents.

LORENZO : Comme tu voudras ; mais prends garde à toi. Garde-moi le secret, même avec tes amis, c'est tout ce que je te demande. (*Ils sortent.*)

(Acte III, scène 3)

Alfred JARRY (1873-1907)
Ubu roi (1896)

(« La Bibliothèque Gallimard » n° 60)

Ubu roi *(1896) est une pièce composée par Alfred Jarry, fameuse — notamment — pour le retentissant « merdre » prononcé par le Père Ubu au lever du rideau. Au début de la*

pièce, sur les conseils de son épouse, Ubu va songer à assas-
siner le roi. Voici la scène d'exposition :

PÈRE UBU : Merdre !

MÈRE UBU : Oh ! voilà du joli, Père Ubu, vous estes un
fort grand voyou.

PÈRE UBU : Que ne vous assom'je, Mère Ubu !

MÈRE UBU : Ce n'est pas moi, Père Ubu, c'est un autre
qu'il faudrait assassiner.

PÈRE UBU : De par ma chandelle verte, je ne comprends pas.

MÈRE UBU : Comment, Père Ubu, vous estes content
de votre sort ?

PÈRE UBU : De par ma chandelle verte, merdre, madame,
certes oui, je suis content. On le serait à moins : capitaine de dragons, officier de confiance du roi Venceslas, décoré de l'ordre de l'Aigle Rouge de Pologne
et ancien roi d'Aragon, que voulez-vous de mieux ?

MÈRE UBU : Comment ! après avoir été roi d'Aragon
vous vous contentez de mener aux revues une cinquan-
taine d'estafiers armés de coupe-choux, quand vous
pourriez faire succéder sur votre fiole la couronne de
Pologne à celle d'Aragon ?

PÈRE UBU : Ah ! Mère Ubu, je ne comprends rien de ce
que tu dis.

MÈRE UBU : Tu es si bête !

PÈRE UBU : De par ma chandelle verte, le roi Venceslas
est encore bien vivant ; et même en admettant qu'il
meure, n'a-t-il pas des légions d'enfants ?

MÈRE UBU : Qui t'empêche de massacrer toute la
famille et de te mettre à leur place ?

PÈRE UBU : Ah ! Mère Ubu, vous me faites injure et
vous allez passer tout à l'heure par la casserole.

MÈRE UBU : Eh ! pauvre malheureux, si je passais par la
casserole, qui te raccommoderait tes fonds de culotte ?

PÈRE UBU : Eh vraiment ! et puis après ? N'ai-je pas un
cul comme les autres ?

MÈRE UBU : À ta place, ce cul, je voudrais l'installer sur
un trône. Tu pourrais augmenter indéfiniment tes
richesses, manger fort souvent de l'andouille et rouler
carrosse par les rues.

PÈRE UBU : Si j'étais roi, je me ferais construire une grande capeline comme celle que j'avais en Aragon et que ces gredins d'Espagnols m'ont impudemment volée.

MÈRE UBU : Tu pourrais aussi te procurer un parapluie et un grand caban qui te tomberait sur les talons.

PÈRE UBU : Ah ! je cède à la tentation. Bougre de merdre, merdre de bougre, si jamais je le rencontre au coin d'un bois, il passera un mauvais quart d'heure.

MÈRE UBU : Ah ! bien, Père Ubu, te voilà devenu un véritable homme.

PÈRE UBU : Oh non ! moi, capitaine de dragons, massacrer le roi de Pologne ! plutôt mourir !

MÈRE UBU, *à part* : Oh ! merdre ! (*Haut.*) Ainsi tu vas rester gueux comme un rat, Père Ubu.

PÈRE UBU : Ventrebleu, de par ma chandelle verte, j'aime mieux être gueux comme un maigre et brave rat que riche comme un méchant et gras chat.

MÈRE UBU : Et la capeline ? et le parapluie ? et le grand caban ?

PÈRE UBU : Eh bien, après, Mère Ubu ? (*Il s'en va en claquant la porte.*)

MÈRE UBU, *seule* : Vrout, merdre, il a été dur à la détente, mais vrout, merdre, je crois pourtant l'avoir ébranlé. Grâce à Dieu et à moi-même, peut-être dans huit jours serai-je reine de Pologne.

(Acte I, scène 1)

Jean GENET (1910-1986)

Les Bonnes (1947)

(Belin-Gallimard, « Classicolycée » n° 45)

Pour Les Bonnes *(1947), Jean Genet s'est inspiré d'un fait divers des années 1930 : l'histoire des sœurs Papin, deux employées de maison qui avaient tué leur patronne. Dans la pièce, les deux femmes s'appellent Solange et Claire. Au début*

de la représentation, seules à la maison, Claire joue le rôle de
« Madame », que toutes deux détestent, tandis que Solange
joue celui de sa sœur. À l'approche du retour de « Madame »,
elles cessent leur jeu.

SOLANGE : Le jeu est dangereux. Je suis sûre que nous
avons laissé des traces. Par ta faute. Nous en laissons
chaque fois. Je vois une foule de traces que je ne pourrai
jamais effacer. Et elle, elle se promène au milieu de
cela qu'elle apprivoise. Elle le déchiffre. Elle pose le
bout de son pied rose sur nos traces, l'une après l'autre,
elle nous découvre. Par ta faute, Madame se moque de
nous ! Madame saura tout. Elle n'a qu'à sonner pour
être servie. Elle saura que nous mettions ses robes, que
nous volions ses gestes, que nous embobinions son
amant de nos simagrées. Tout va parler, Claire. Tout
nous accusera. Les rideaux marqués par tes épaules,
les miroirs par mon visage, la lumière qui avait l'habitude de nos folies, la lumière va tout avouer. Par ta
maladresse, tout est perdu.

CLAIRE : Tout est perdu parce que tu n'as pas eu la
force pour…

SOLANGE : Pour…

CLAIRE : … la tuer.

SOLANGE : Je peux encore trouver la force qu'il faut.

CLAIRE : Où ? Où ? Tu n'es pas aussi au-delà que moi.
Tu ne vis pas au-dessus de la cime des arbres. Un laitier
traversant ta tête te bouleverse.

SOLANGE : C'est de n'avoir pas vu sa figure, Claire.
D'avoir été tout à coup si près de Madame parce que
j'étais près de son sommeil. Je perdais mes forces. Il
fallait relever le drap que sa poitrine soulevait pour
trouver la gorge.

CLAIRE, *ironique* : Et les draps étaient tièdes. La nuit
noire. C'est en plein jour qu'on fait ces coups-là. Tu es
incapable d'un acte aussi terrible. Mais moi, je peux
réussir. Je suis capable de tout, et tu le sais.

SOLANGE : Le gardénal.

CLAIRE : Oui. Parlons paisiblement. Je suis forte. Tu as
essayé de me dominer…

SOLANGE : Mais, Claire…

CLAIRE, *calmement* : Pardon. Je sais ce que je dis. Je suis Claire. Et prête. J'en ai assez. Assez d'être l'araignée, le fourreau de parapluie, la religieuse sordide et sans Dieu, sans famille ! J'en ai assez d'avoir un fourneau comme autel. Je suis la pimbêche, la putride. À tes yeux aussi.

SOLANGE, *elle prend Claire aux épaules* : Claire… Nous sommes nerveuses, Madame n'arrive pas. Moi aussi je n'en peux plus. Je n'en peux plus de notre ressemblance, je n'en peux plus de mes mains, de mes bas noirs, de mes cheveux. Je ne te reproche rien, ma petite sœur. Tes promenades te soulageaient.

CLAIRE, *agacée…* : Ah ! Laisse.

SOLANGE : Je voudrais t'aider. Je voudrais te consoler, mais je sais que je te dégoûte. Je te répugne. Et je le sais puisque tu me dégoûtes. S'aimer dans le dégoût, ce n'est pas s'aimer.

CLAIRE : C'est trop s'aimer. Mais j'en ai assez de ce miroir effrayant qui me renvoie mon image comme une mauvaise odeur. Tu es ma mauvaise odeur. Eh bien ! je suis prête. J'aurai ma couronne. Je pourrai me promener dans les appartements.

SOLANGE : Nous ne pouvons tout de même pas la tuer pour si peu.

CLAIRE : Vraiment ? Ce n'est pas assez ? Pourquoi s'il vous plaît ? Pour quel autre motif ? Où et quand trouver un plus beau prétexte ? Ce n'est pas assez ? Ce soir Madame assistera à notre confusion. En riant aux éclats, en riant parmi ses pleurs, avec ses soupirs épais ! Non. J'aurai ma couronne. Je serai cette empoisonneuse que tu n'as pas su être. À mon tour de te dominer.

Chronologie

Albert Camus et son temps

1.

Une enfance algérienne

1. *Les quartiers populaires*

Albert Camus naît le 7 novembre 1913 à Mondovi, dans le département de Constantine, en Algérie. Second fils de Lucien Camus et de Catherine Sintès, il a un frère aîné, plus âgé de quatre ans.

Son père décède en 1914 des suites d'une blessure reçue pendant la bataille de la Marne. Sa mère décide alors de s'installer à Alger, dans le quartier populaire de Belcourt. Le petit Albert y passe son enfance, auprès de sa sévère grand-mère, de deux oncles, et de sa mère, illettrée, qui gagne sa vie en faisant des ménages. Il lui dédiera *Le Premier Homme* en écrivant : «À toi qui ne pourras jamais lire ce livre.» De cette époque, Camus garde de bons souvenirs : «J'ai grandi dans les rues poussiéreuses, sur les plages sales. Nous nagions et, un peu plus loin, c'était la mer pure. La vie était dure chez moi, et j'étais profondément heureux.»

2. *Football, littérature et tuberculose*

La scolarité du jeune Camus se déroule sans encombre. À l'école communale, son instituteur Louis Germain le prépare au concours des bourses pour les lycées. L'enfant passe haut la main le concours et entre au lycée à Alger. C'est à cet homme que le futur Nobel dédiera son *Discours de Suède* en 1957.

Les études se poursuivent donc au lycée : tout d'abord le «petit lycée de Mustapha», puis le lycée Bugeaud. Durant cette période, Camus lit beaucoup («Je lisais tout, confusément, en ce temps-là»), ce qui ne l'empêche pas de se consacrer aussi au football, dont la passion ne le quittera pas. Il adhère ainsi au Racing universitaire algérois où il est gardien de but.

Ces années de lycée sont également celles où Camus fait l'expérience de la maladie : en décembre 1930 apparaissent les premiers symptômes de la tuberculose, maladie dont il souffrira toute sa vie. On l'expédie alors chez son oncle Gustave Acault, boucher, pour qu'il se refasse une santé. Camus en profite pour se nourrir des œuvres présentes dans l'impressionnante bibliothèque de son érudit d'oncle. La tuberculose va cependant lui coûter son bac, qu'il n'obtiendra qu'en 1932.

1913	Poincaré président. Alain-Fournier, *Le Grand Meaulnes*. Proust, *Du côté de chez Swann*.
1914	Première Guerre mondiale. Bataille de la Marne.
1918	Apollinaire, *Calligrammes*.
1919	Traité de Versailles.
1928	Breton, *Nadja*.
1929	Krach de Wall Street.
1931	La République proclamée en Espagne.
1932	Céline, *Voyage au bout de la nuit*.

2.

Des années déterminantes

1. *Lectures et études*

En terminale, Camus rencontre le professeur de philosophie qui va marquer sa vie : Jean Grenier. Ce dernier lui fait découvrir Schopenhauer, Nietzsche, Dostoïevski, mais aussi Proust et Joyce. Les liens entre les deux hommes se resserrent durant l'année d'hypokhâgne de Camus. L'étudiant lit une œuvre de son professeur qui le marque profondément, *Les Îles* (1933). L'un des chapitres parle de… l'empereur Caligula !

Il poursuit ses études avec une licence de philosophie et un certificat d'études littéraires classiques à la faculté des lettres d'Alger. Durant cette période estudiantine, une jeune femme plutôt flamboyante, Simone Hié, s'intéresse de près à Camus, qui finit par l'épouser en juin 1934. Ils se séparent l'année suivante.

Cette même année, 1935, Camus adhère au Parti communiste (avec lequel il rompra en 1937), et voyage en Grèce et aux Baléares, où il doit s'arrêter en raison d'une rechute de la tuberculose. Il prépare aussi, durant l'année 1935-1936, un diplôme d'études supérieures de philosophie.

2. *Le « lieu de vérité » : le théâtre*

Non sans lien avec ses activités politiques, Camus crée le « Théâtre du Travail » et compose, avec deux amis, une pièce qui traite de la grève des mineurs en Espagne, *Révolte dans les Asturies*. Il joue également dans la troupe de Radio-Alger. La troupe est très active, elle monte des pièces jusqu'en 1939 et sera bientôt refondée sous le nom de « Théâtre de l'Équipe », devenant, par la même occasion, politiquement indépendante. Toutes ces années, Camus continue à jouer, le rôle d'Ivan par exemple, dans *Les Frères Karamazov*, adaptation du roman de Dostoïevski.

En 1937, Camus élabore un premier roman, *La Mort heureuse*, se lance dans *Caligula* et fait paraître *L'Envers et l'endroit*. « Je sais maintenant que je vais écrire », consigne-t-il dans ses *Carnets*. Il prononce la conférence inaugurale de la Maison de la culture d'Alger qu'il a contribué à fonder et célèbre ainsi la terre natale :

« L'Afrique du Nord est un des seuls pays où l'Orient et l'Occident cohabitent. [...] Ce qu'il y a de plus essentiel dans le génie méditerranéen jaillit peut-être de cette rencontre unique dans l'histoire et la géographie née entre l'Orient et l'Occident. »

3. *Journalisme et action*

En 1938, Camus devient journaliste pour *Alger républicain*, où il rédige des critiques littéraires, couvre les grands procès et se consacre à des articles politiques. Il arrête en 1939, année de la parution de *Noces*, de la suspension d'*Alger républicain*, année où est créé également le *Soir républicain*, dont il est le rédacteur en chef.

1933	Accession d'Hitler à la chancellerie en Allemagne. Malraux, *La Condition humaine*.
1935	Giraudoux, *La guerre de Troie n'aura pas lieu*.
1936	Front populaire en France. Guerre civile d'Espagne.
1938	Accords de Munich. Sartre, *La Nausée*. Carné, *Hôtel du Nord*.

3.

Guerre et après-guerre

1. 39-45 : écrire et résister

Au moment où commence la Seconde Guerre mondiale, un premier état de *Caligula* est achevé. La rédaction de *L'Étranger* est aussi en cours.

En raison de sa santé, Camus ne peut s'engager dans l'armée. Pendant la guerre, il alterne alors séjours en Algérie (notamment à Oran où il enseigne quelque temps) et en France (à Paris, Clermont-Ferrand, Bordeaux et Lyon). En France, après avoir brièvement travaillé à *Paris-Soir*, il rejoint le réseau de résistance « Combat » et écrit pour le journal clandestin du même nom.

Au point de vue littéraire, il publie *L'Étranger* en février 1942 et *Le Mythe de Sisyphe* en octobre de la même année. Il devient aussi lecteur chez Gallimard, en 1943. En pleine guerre, il édite clandestinement les *Lettres à un ami allemand* (qui seront publiées officiellement en 1945). Cette période intellectuellement très féconde est également marquée par sa rencontre avec Jean-Paul Sartre et, évidemment, la représentation du *Malentendu* au Théâtre des Mathurins en 1944 (très vite censuré par l'occupant), suivie de celle de *Caligula*, en 1945, au Théâtre Hébertot.

En ce qui concerne sa vie personnelle, la période est dense également. Il se remarie en 1940 avec Francine Faure, qui lui donnera deux enfants en 1945 : Jean et Catherine. Mais la tuberculose ne lui laisse pas de répit : en 1943, une rechute le force à la convalescence, en Auvergne.

1939	Victoire de Franco en Espagne. Début de la Seconde Guerre mondiale.
1940	Exode en France. Armistice.
1942	Vercors, *Le Silence de la mer.*
1944	Libération de la France.
1945	Conférence de Yalta. Bombe atomique sur Hiroshima. Création de l'Organisation des Nations unies. Saint-Exupéry, *Le Petit Prince.*

2. *Une œuvre en construction*

La paix revenue, Camus continue à publier dans *Combat*, qu'il quittera définitivement en 1947. Les articles parus dans ce journal entre 1944 et 1948 seront repris dans *Actuelles I*, en 1950. *Actuelles II* paraît en 1953 et regroupe les articles des années 1948-1953. Dans cet immédiat après-guerre, il voyage, va aux États-Unis où les étudiants lui réservent un très bon accueil (1946), mais aussi en Algérie (1948) et en Amérique du Sud (1949).

En juin 1947 paraît une autre de ses œuvres majeures : *La Peste*. Le succès est d'importance, l'œuvre est couronnée par le prix des Critiques. À Roland Barthes, il précise : « *La Peste*, dont j'ai voulu qu'elle se lise sur plusieurs portées, a cependant comme contenu évident la lutte de la résistance européenne contre le nazisme. La preuve en est que cet ennemi qui n'est pas nommé, tout le monde l'a reconnu et dans tous les pays d'Europe. »

Dans le domaine théâtral, Camus poursuit son œuvre. *L'État de siège* est créé en 1948, c'est un échec, tandis que *Les Justes*, créé en 1949 au Théâtre Hébertot, est bien accueilli.

3. « *La terrible époque* » (Carnets)

En 1951 est publié *L'Homme révolté*, qui provoque des polémiques à la fois esthétiques, philosophiques et politiques. Camus se brouille alors avec Sartre, pour qui la violence peut être justifiée. Dans cet essai, Camus traite de « l'homme qui dit non ». Il réfléchit sur la révolte, les façons de dire non, mais condamne la violence révolutionnaire et la révolte qui justifierait le « meurtre universel ». Ce faisant, il condamne le communisme et sa volonté de transformer le monde — en recourant si nécessaire à la violence —, au profit de la révolte, comme volonté de « changer le monde » pacifiquement. Sartre lui écrira : « Notre amitié n'était pas facile, mais je la regretterai. » La rupture est consommée en 1952. Camus en souffrira jusqu'à la fin de sa vie.

Toujours en 1952, il démissionne de l'UNESCO qui vient d'admettre l'Espagne franquiste.

1946	IVᵉ République. Début de la guerre d'Indochine.
1947	Genet, *Les Bonnes*.
1948	Création de l'État d'Israël.
1949	Beauvoir, *Le Deuxième Sexe*.
1949	Création de l'OTAN.
1952	Ionesco, *Les Chaises*.

4.

Consécration littéraire et douleur intime

1. « *J'ai mal à l'Algérie* »

1954 est une date importante, à l'échelle de l'individu et du monde : Camus publie *L'Été* et la guerre d'Algérie débute. Dès 1945, il avait réagi aux insurrections et aux répressions sanglantes de Sétif et Guelma en écrivant : « C'est la justice qui sauvera l'Algérie de la guerre. » Tout au long du conflit, l'écrivain va subir les critiques des deux camps et vivre cette guerre comme une tragédie personnelle. À l'automne 1955, il note : « J'ai mal à l'Algérie, en ce moment, comme d'autres ont mal aux poumons. » L'année suivante, il lance son *Appel pour la trêve civile* en Algérie afin que « pendant toute la durée des troubles, la population civile [soit], en toute occasion, respectée et protégée ». En vain.

2. *Le plus jeune Prix Nobel*

Parallèlement, Camus continue à publier (*La Chute* en 1956, *L'Exil et le royaume* en 1957) et à travailler pour le théâtre (adaptation et mise en scène de *Requiem pour une nonne* de William Faulkner).

La consécration internationale survient en 1957, quand Camus a quarante-trois ans : il reçoit le prix Nobel de littérature à Stockholm. Dans son discours de réception, il expose ainsi sa conception de l'art :

« L'art n'est pas à mes yeux une réjouissance solitaire. Il est un moyen d'émouvoir le plus grand nombre d'hommes en leur offrant une image privilégiée des souffrances et des joies communes. »

3. *Les dernières années*

La polémique autour de ses prises de position dans le conflit qui oppose la France et l'Algérie perdure pendant ce temps («Effrayé par tout ce qui m'arrive et que je n'ai pas demandé. Et pour tout arranger attaques si basses que j'en ai le cœur serré », *Carnets*). Quelques jours après une conférence donnée sur le rôle de l'artiste, il dira à un jeune militant algérien : «J'ai toujours condamné la terreur, je dois condamner aussi un terrorisme qui s'exerce aveuglément, dans les rues d'Alger par exemple, et qui un jour peut frapper ma mère ou ma famille. Je crois à la justice, mais je défendrai ma mère avant la justice. » En juin 1958, il publiera ses *Chroniques algériennes* (*Actuelles III*).

À la fin des années 1950, sa santé est toujours précaire. Il achète une maison à Lourmarin, dans le Luberon. Dans ses *Carnets*, il note : «Nobel. Étrange sentiment d'accablement et de mélancolie. À vingt ans, pauvre et nu, j'ai connu la vraie gloire. Ma mère ! » (17 octobre 1957).

En 1959, il met en scène son adaptation des *Possédés* qui reçoit un accueil chaleureux. Il travaille au *Premier Homme* qui ne sera publié que bien après sa mort, en 1994. Les feuillets de cette œuvre inachevée seront retrouvés non loin de son corps, après l'accident de voiture qui le tuera à l'entrée de Villeneuve-la-Guyard, en 1960.

1954	Fin de la guerre d'Indochine. Début de la guerre d'Algérie. Sagan, *Bonjour tristesse*.
1956	Indépendance de la Tunisie et du Maroc. Butor, *L'Emploi du temps*.
1957	Traité de Rome (CEE). Duras, *Moderato Cantabile*.
1958	Vᵉ République. Gracq, *Un balcon en forêt*.
1959	Sarraute, *Le Planétarium*.
1962	Indépendance de l'Algérie

Pour aller plus loin

Christiane CHAULET ACHOUR, *Albert Camus et l'Algérie, tensions et fraternités*, éditions Barzakh, coll. « Parlons-en ! », Alger, 2004.

Roger GRENIER, *Albert Camus soleil et ombre*, Gallimard, 1987.

José LENZEINI, *Albert Camus*, Éditions Milan, coll. « Essentiels », 1995.

Roger QUILLIOT, *La Mer et les prisons, essai sur Albert Camus*, Gallimard, 1980.

Pierre-Louis REY, *Camus : l'homme révolté*, Gallimard, coll. « Découvertes », 2006.

Olivier TODD, *Albert Camus. Une vie*, Gallimard, coll. « NRF Biographies », 1996.

Éléments pour une
fiche de lecture

Regarder le tableau

- Divisez le tableau en deux, par la verticale : énu-
  mérez ce qu'il y a dans la partie droite et dans la
  partie gauche.
- Intéressez-vous exclusivement à ce que vous avez
  repéré à gauche et trouvez un titre, comme si cette
  partie gauche était à elle seule le tableau. Si vous
  intégrez la partie droite du tableau, pouvez-vous
  conserver le titre que vous venez de donner ? Justifiez votre réponse.
- Quel motif, vu au premier coup d'œil, crée un lien
  entre le tableau et la pièce *Caligula* ? Développez
  votre réponse.
- Quels procédés René Magritte a-t-il utilisés pour
  humaniser son personnage ? Et pour le déshuma-
  niser ? Quels liens peut-on faire entre cet «homme-
  amphore» et le Caligula de Camus ?
- Faites des recherches sur le mouvement surréaliste,
  ses membres, sa pensée, son engagement. Dites en
  quoi ce tableau est représentatif de ce courant.

Albert Camus dans l'histoire littéraire

- Pourquoi Albert Camus refuse-t-il l'appellation d'«existentialiste»? Faites des recherches et présentez ses relations avec Sartre.
- Choisissez une autre œuvre de Camus et faites-en une lecture critique.

La pièce *Caligula*

- Élaborez un résumé de la pièce en moins de 3 000 signes. Quelle est la progression dramatique de l'œuvre?
- Quelle conception du pouvoir se dégage de la pièce?

Les personnages

- Cherchez *Vies des douze Césars* sur internet ou dans une édition récente. Lisez-les et faites une comparaison exhaustive du personnage de Caligula tel que raconté par Suétone et tel que mis en scène par Camus.
- Analysez les personnages mis en scène autour de Caligula : donnez-en les principales caractéristiques et établissez les jeux de force au moyen d'un schéma actantiel.
- Les relations entre Scipion et Caligula : que pouvez-vous en dire ?
- Quelle vision des rapports entre hommes et femmes la pièce propose-t-elle ?
- Dans quelle mesure peut-on dire que Caligula est fou ?

Le pouvoir de la parole

- Relevez et analysez les monologues de la pièce : qui concernent-ils ? Quels sont leurs rôles ? Comment sont-ils construits ?
- Choisissez un dialogue qui vous semble particulièrement intéressant. Justifiez votre choix et faites-en une étude détaillée.

Les objets

- Faites un inventaire de tous les objets présents sur scène. Quelles sont leurs fonctions ?
- Analysez plus particulièrement le rôle du miroir : quand le retrouve-t-on et pourquoi ? Comment interprétez-vous sa présence sur scène ?

Les didascalies

- Relisez la pièce en prêtant attention aux didascalies. Que pouvez-vous dire des indications de régie ? Quels usages didascaliques vous semblent particulièrement intéressants ?

Première et dernière scène

- Faites une explication de la scène d'exposition en n'oubliant pas que le texte théâtral est destiné à la représentation : vous analyserez le texte dans ses implications avec la mise en scène.
- Commentez la scène du dénouement. Vous insisterez sur les didascalies et vous vous interrogerez sur les mises en scène possibles.

Mise en scène

- Choisissez un extrait et mettez-le en scène. Justifiez votre choix de scène et de mise en scène.

Caligula et d'autres textes

- Comparez la scène de la clémence d'Auguste dans *Cinna* (V, 2) avec la scène 6 de l'acte III mettant en présence Cherea et l'empereur.
- Comparez le dénouement de *Caligula* avec le dénouement de *Rhinocéros* de Ionesco.
- Camus appréciait beaucoup le théâtre de Shakespeare. Lisez *Richard III*. Quelles comparaisons pouvez-vous faire avec *Caligula* ?

Vers la dissertation

- Que pensez-vous de cette remarque d'André Alter : « La passion dont il s'agit ici est celle de la lucidité. Elle s'est emparée de Caligula le jour où il a découvert cette "vérité toute simple et toute claire, un peu bête, mais difficile à découvrir et lourde à porter : les hommes meurent et ils ne sont pas heureux". Et l'on peut faire sienne cette passion-là. Caligula, à ce moment-là, est parfaitement celui que chaque spectateur peut désirer être, se sent être : il est l'homme par excellence, il est celui à qui il ne sera jamais plus possible de se reposer. Mais étant empereur, c'est-à-dire, symboliquement, l'homme dans sa plénitude, il est celui qui peut et doit aller au bout de soi-même » (« De *Caligula* aux *Justes* : de l'absurde à l'injustice », in *Revue de la société d'histoire du théâtre*, oct.-nov. 1960, 12ᵉ année, IV, p. 321).

Pour aller plus loin

Florence HOUEL, *Caligula, Camus*, Ellipses, 2006.

Michel MAILLARD, *Caligula, Albert Camus*, Nathan, coll. « Balises », 1991.

Jacqueline TURGIS-LE-BOURSICAUD, « Étude de *Caligula* et d'un groupement de textes », NRP-Lycée, n⁰/28, 2008.

Thomas HOBBES, *Léviathan* – « Chapitres 13 à 17 » (111)

David HUME, *Dialogues sur la religion naturelle* (172)

François JACOB, *Le programme* et *La structure visible*, extraits de *La logique du vivant* (176)

Emmanuel KANT, *Des principes de la raison pure pratique*, extrait de *Critique de la raison pratique* (87)

Emmanuel KANT, *Idée d'une histoire universelle au point de vue cosmopolitique* (166)

Étienne de LA BOÉTIE, *Discours de la servitude volontaire* (137)

G. W. LEIBNIZ, *Préface aux Nouveaux essais sur l'entendement humain* (130)

Claude LÉVI-STRAUSS, *Race et histoire* (104)

Nicolas MACHIAVEL, *Le Prince* (138)

Nicolas MALEBRANCHE, *La Recherche de la vérité* – « De l'imagination, 2 et 3 » (81)

Marc AURÈLE, *Pensées* – « Livres II à IV » (121)

Karl MARX, *Feuerbach. Conception matérialiste contre conception idéaliste* (167)

Maurice MERLEAU-PONTY, *L'Œil et l'Esprit* (84)

Maurice MERLEAU-PONTY, *Le cinéma et la nouvelle psychologie* (177)

John Stuart MILL, *De la liberté de pensée et de discussion*, extrait de *De la liberté* (122)

Friedrich NIETZSCHE, *La « faute », la « mauvaise conscience » et ce qui leur ressemble (Deuxième dissertation)*, extrait de *La Généalogie de la morale* (86)

Friedrich NIETZSCHE, *Vérité et mensonge au sens extra-moral* (139)

Blaise PASCAL, *Trois discours sur la condition des Grands* et six liasses extraites des *Pensées* (83)

PLATON, *La République* – « Livres 6 et 7 » (78)

PLATON, *Le Banquet* (109)

PLATON, *Apologie de Socrate* (124)

PLATON, *Gorgias* (159)

Jean-Jacques ROUSSEAU, *Discours sur l'origine et les fondements de l'inégalité parmi les hommes* (82)

SAINT AUGUSTIN, *La création du monde et le temps* – « Livre XI, extrait des *Confessions* » (88)

Baruch SPINOZA, *Lettres sur le mal* – « Correspondance avec Blyenbergh » (80)

Alexis de TOCQUEVILLE, *De la démocratie en Amérique I* – « Introduction, chapitres 6 et 7 de la deuxième partie » (97)

Simone WEIL, *Les Besoins de l'âme*, extrait de *L'Enracinement* (96)

Ludwig WITTGENSTEIN, *Conférence sur l'éthique* (131)

Pour plus d'informations,
consultez le catalogue à l'adresse suivante :
http://www.gallimard.fr

NOTES

Composition Interligne
Impression Novoprint
à Barcelone, le 10 avril 2019
Dépôt légal : avril 2019
1er dépôt légal : mai 2012

ISBN 978-2-07-044659-9./Imprimé en Espagne.

353877